리타의 산책

RITA'S GARTEN

안리타

―

야야, 정신 차려라, 정신 차려라, 하면서
꽃들이 자꾸 나를 깨운다.

봄이 다시 오면
어쩌면 난 더 이상, 이 세상에 없을지도 몰라
이 순간 난 봄을 사람으로 여기고 싶어
그녀가 자기의 유일한 친구를 잃은 걸 보고
우는 모습을 상상하려고
하지만 봄은 심지어 어떤 것조차 아니지
그것은 말하는 방식일 뿐
꽃들도, 초록색 잎사귀들도 돌아오지 않아,
새로운 꽃, 새로운 초록색 잎사귀들이 있는 거지
또 다른 포근한 날들이 오는 거지
아무것도 돌아오지 않고, 아무것도 반복되지 않아,
모든 것이 진짜니까

〈시는 내가 홀로 있는 방식〉_페르난두 페소아

리타의 산책

마지막으로 내린 눈은 느리면서도 더 강렬하게 땅을 깨웠다. 참나무 꼭대기에 쌓이다 얼어붙은 눈덩이가 쿵쿵, 굉음을 내며 땅에 떨어졌다. 텅 빈 가지마다 환하게 내려앉은 흰 눈이 나무의 윤곽을 밝히며, 아직 깨지 않는 잎과 꽃의 자리를 언 몸으로 매만지고, 그러다 녹아내려 나무를 적시는 동안, 꽃들은 침묵 속에서 꼭 감은 채 잎을 모은다. 이미 준비를 마친 나무는 때를 기다리고, 터지기 직전의 숲은 더더욱 고요하다.

살고 싶은 날에는, 숲으로 간다.
생의 자맥을 들으러 나는 간다.
숲은 자연의 심장이라
걸음을 옮길 때마다 발아래로도 맥박이 뛰었다.
꽃이 지고 나무가 헐벗어도
풀들이 말라 스러져 간다고 해도
나는 바다의 온기를
계절의 심장 소리를 느낀다.
자연은 한 번도 죽은 적이 없다.

〈모든 계절이 유서였다〉 중에서

봄은 그렇게 온다

겨울과 봄이 몸을 바꾸는 계절이 오면, 나는 그 사이에서 자연의 시간을 지연시키며 숲의 변화와 리듬을 읽는다. 깊은 겨울잠에 들던 풀들은 태양을 가장 많이 받는 곳에서부터 깨어난다. 우리가 자주 가는 언덕은 이미 연둣빛 잎을 밖으로 밀어내고 있었다. 목련 잎사귀가 제일 먼저 기지개를 켠다. 아무도 도와주지 않아도, 때가 되면 가장 여리고 작은 것부터 어둠을 두드리며 깨어난다. 밤이는 땅을 긁으며, 거기에 살아 있는 무엇이 있다는 듯 흙냄새를 킁킁거린다. 언 땅을 뚫고 가장 먼저 태어난 풀들은 강인한 생명으로 봄을 재촉한다. 아스팔트 틈새의 봄맞이꽃은 불면 쓰러질 것 같은 여린 몸으로 단단한 흙을 헤친다. 그러면 발걸음을 멈출 수밖에 없다. 거기, 숨 참고 앉아, 발 아래에서부터 계속되는 탄생의 기적을 환영하게 된다. 그렇게 찬찬히 주변을 관망할 때, 그때, 정신이 들며 알게 되는 것이다. 여전히 이곳엔 뻗어나가는 데 온 힘을 쓰느라 웅크리지 못한 자연과, 웅크리는 데 온 힘을 쓰느라 뻗어나가지 못하는 인간이 대치하고 있었다.

피어나는 데 온 힘을 쓰는 것들과, 뱉지 못하는 침묵이 마주하고 있는 오후였고, 회색빛 길가엔 아직 마음을 정비하지 못한 이들이 두터운 외투를 입은 채 배회했다. 나무는 사람들의 깊숙한 생각 사이로도 순서대로 기지개를 켜며 잎을 열고 있었다. 숲은 광량을 늘리기 위해 하늘을 열어 놓았고, 나는 비스듬히 어깨를 내민 나무들 사이로 걸었다.

지나가는 이들에게서 여전히 낙엽 냄새가 났고, 살아있는 것과 죽어있는 것이 동시에 나뒹굴며 풍경을 교란했다. 새순은 작년 가을 떨구지 못한 마른 낙엽을 끝끝내 밀어냈다. 나무에 속한 것들이 땅에 속한 것들과 뒤바뀌고, 내려앉은 것들, 어딘가 음습하여 침묵하게 하는 단어는 소생의 기운과 함께 점차 시간의 저편으로 물러나고 있었다.

겨울은 광포하게 왔지만, 봄은 스미며 온다. 겨울은 뒷문으로 오지만, 봄은 앞문으로 노크하며 다가온다. 겨울은 헐벗은 가지 사이로 점차 높아지는 창공을 창백하게 바라보게 하지만, 봄은 초점을 점차 좁혀 시선을 삶에 조금 더 가까워지게 한다. 봄에 깨어난 것들은 발 아래 모여 생동하고, 봄은 가장 낮은 곳에서부터 분주히 시작된다.

봄은 그렇게 온다. 큰 우주를 돌아와 다시금 착지하며 오고, 언 대지 아래 솟아나며 온다. 봄은 세상의 모서리부터 서서히 녹이며 오고, 가장 먼저 일어난 누군가의 가슴을 청진하며 온다. 분명 봄은 오고 있었다. 나는 다시금 심장이 뛰고, 이곳에서는 더 웅크릴 재간이 없다. 막 태어나는 새로움이 결국 모두를 이기고, 죽어가는 것들을 이끌며 자신을 따르게 한다. 모두가 새로 시작되고 있다. 봄은 그렇게 기적을 일으키며 거대하게 몰려온다.

🌱

어쨌건 나의 업무는

꽃의 탄생을 축복하고,

그들의 언어를 받아 적는 일.

달빛과 별빛을 사랑하는 일.

점차 명징해지는 이 밤을 잠재우는 일.

소란을 만들고, 버리는 일.

그리고 그 앞에서 매일 밤 명복을 기원하는 일.

〈사라지는, 살아지는〉 중에서

꽃의 서기

인간이 여전히 겨울을 생각할 동안, 이곳의 짐승들은 이미 땅이며 바람 냄새를 맡으며 봄을 미리 알아챘다. 지상에서 최초로 핀 꽃을 최초로 알아차리는 것은 인간이 아니라 이들이다. 커다란 목련 나무 아래서 귓가를 두드리는 새소리를 듣고 있으면, 깊은 상상이 나를 데려간다. 그 자리에 투명한 하나의 문이 열리고, 새들은 거기서 구체적으로 울기 시작하며 간밤에 있었던 일을 내게 들려준다. 여기서 시작된 것이라고, 봄이 여기서 시작되는 것을 봤다고 말이다. 눈을 감자 어둠이 보였고, 인간이 모두 잠든 깊은 새벽이었고, 작은 새들이 으슥한 나무에 숨어 몸을 움츠리고 있을 때였다. 아마 그때 잠들지 못한 아기 개똥지빠귀가 엄마를 찾으러 나와 키 큰 나무 위에 막 당도한 봄을 우연히 보았던 것이다. 언 눈을 털고, 꼬리를 흔들며 저 혼자 나뭇가지를 타다가, 밤의 등불처럼 하얗게 한둘 켜져 있는 목련을 보았을 것이다. 숨어있어도 향기로 들켜버린 봄을. 아마도 이 나무 곁에서, 여기서 분명 봄은 시작되었을 것이다. 새는 그 문을 삐걱삐걱 열며 혼자 울었을 것이다.

그 장면을 섬세히 상상할 수 있는 건, 언젠가 나도 그들을 보았기 때문이다. 은빛 새의 깃털에 내려앉은 달빛과, 그 달빛에 익어가던 꽃 한 송이와, 봄의 시작을 알리는 밤새의 울음을 들은 적이 있기 때문이다. 언젠가 거기에 속해, 함께 봄을 알리던 날이 내게도 있었다.

그날 새벽 이후, 봄은 어느새 저편에 닿아 점차 푸르러지며 퍼져나갔다. 하늘이 서서히 열리면, 소문을 찾아 가장 느린 새들이 줄지어 도착하고, 눈치 빠른 까치는 이미 뒷짐 지고 풀 위를 어슬렁거렸다. (이건 상상이 아닌 사실이다) 뒤엉킨 낙엽 더미 사이로도 밝은 것이 자꾸 돋아난다. 태양의 빛줄기를 따라 봄은 어느새 자꾸만 들킨다.

겨우내 단단히 오므린 봉우리를 열고 이제 막 꽃을 켠 산수유나무는 자신들의 방식대로 지천에 존재를 알린다. 꽃은 거리를 밝히며, 혼자 걷는 사람의 귓가에만 자꾸 속삭인다. 지천의 꽃들도 참았다가 동시에 터진다. 그러면 숲은 어느새 시끄럽다. 그 생명의 소리, 나는 들린다. 저마다 말하는 방식이 있어서, 꽃은 피어남으로써 맑은 공기 소리를 내며 점차 더 가까이에서 쫑알댄다.

그럴 때면 나는 최초로 피어난 꽃을 최초로 바라보기 위해 점차 분주해진다. 봄이 오면 꽃의 안과 밖으로 더 오래 거닌다.

늦은 밤에도 말이다. 나는 궁금한 것이 많아서 밤새 나 몰래 진행되는 것들에도 관여한다. 나는 가장 먼저 소문을 내는 사람, 봄 중에서도 가장 먼저 입방정 떠는 인간이자 꽃의 서기이기 때문이다.

밤이와 나

새벽의 투명한 어둠 속에서, *밤이는 밤새 잠을 뒤척이다가 조심스레 다가와 내 겨드랑이 사이로 부드럽게 파고들었다. 깊은 악몽으로부터 서로를 보호하며, 아침을 향해 우리는 더 결속하듯 감싸 안았다. 아직 의식이 돌아오지 않는 꿈과 아침의 사이, 멈춘 시간 속에서 나는 그의 따스한 숨결을 느낀다. 눈을 감으면 우리는 보이지 않고, 숨으로 남아 있는 느낌이 좋다. 밤이는 그만의 마법 같은 특유의 향기로 이 편의 불안을 이완시켰고, 나는 킁킁하며 얼굴을 파묻는다. 마치 창문을 통해 들어오는 미미한 빛처럼, 포근한 기분이 달아날까 봐, 미동하지 않은 채 숨죽이며 완전히 깨어나기까지 몇 차례 시간을 지연시킨다. 밤이는 작은 숨소리로 내 가슴에 파고든다. 아침이 밝아오지 않아도 영원할 것 같은 기분은 지속되고, 눈을 감아도 그의 따뜻한 털은 햇살 아래 반짝이는 듯하다. 그렇게 우리는 이불 속에서 서로의 체온을 나누는 것으로 하루를 시작한다. 종종 흐린 날씨가 지속되어도 상관없다. 밤이가 있으니까 말이다.

*밤이: 우리 집 강아지

나는 자주 기후 장애를 겪고, 쉽게 일어날 수 없어 느지막이 깨어난다. 안압을 느낀 채 힘을 질끈 준 눈꺼풀을 천천히 이완하면, 실눈 사이로 불투명한 빛이 새어 들어온다. 사물이 희미하게 뒤섞여 있었고, 곧이어 나타난 작고 둥근 물체는 점차 커지면서, 그 위에서 좁고 깊은 우물 아래의 이쪽을 바라보곤 했다.

"엄마, 거기서 뭐 해, 어서 거기서 나와, 산책하러 가자."
밤이는 내 안에 깊이 빠져버린 나를 내려다보며 짖는다.
점차 선명해진 밤이가 사람처럼 쳐다본다.

'아, 너무 깊어, 나갈 수가 없어.'
얼굴을 다시 한번 찡그리면 밤이가 짖는다.
"뭐라는 거야, 군말 말고 어서 나와."

침잠하여 스스로 회복되기 어려운 날이면, 나는 그 눈빛을 잡고 그렇게 가까스로 우물에서 벗어나기도 한다. 너무 깊어서 하마터면, 빠져나오지 못할 뻔했는데.
내 안에 너무 깊이 빠져버린 날, 속수무책으로 잠겨 있는 날.
한없이 올려다보는 작은 시선 사이로 언제나 밤이의 둥근 얼굴이 내려다보고 있다. 나를 구원하는 표정이다. 영락없는 천사의 모습이다.

❦

서서히 하늘이 개며 창 안으로도 빛이 들기 시작하고, 그것은 이마에도, 앉아 있는 밤이의 등과 꼬리에도 조금씩 묻었다. 그건 바깥으로 손짓하는 신호 같은 것이었다. 더 이상 인내할 수 없다는 듯, 밤이는 미동 없는 큰 눈으로 나를 빤히 쳐다보며 궁둥이를 들썩인다. 나는 비로소 침상에서 일어나 기지개를 켤 차례가 된다.

언제부터인가 오늘이 무슨 요일인지, 며칠인지 알지 못하는 삶을 산다. 달력과 시계는 집안 어디에도 없고, 약속과 업무를 위한 장소도 내겐 없다. 바쁘게 걸려 오는 전화와, 급히 처리해야 할 일은 저녁으로 미룬다. 행복의 우선순위를 명확히 하기 위해, 이 달콤하고 포근한 시간을 최대한 늦춘다. 이런 일상으로 장악된 하루의 시작은 늘 평화롭다. 오랫동안 날짜와 시간을 알지 못한 채 지내다 보면, 바깥과는 다른 시계를 살게 된다. 그러니까 기운과 온도, 습도와 소리, 그런 것으로 하루를 점지하고, 분위기로 많은 것을 예감하는 것이다.

인간의 소음, 음악 소리가 대기에 뒤섞여 평상시보다 팽팽할 때, 새들의 지저귐이 끊길 때, 자동차의 진동이 바닥을 울리면, 나는 어김없이 주말을 예감하고, 우리는 인파를 피해 어딘가

동떨어진 우리만의 세계, 더 깊은 곳으로 걸었다. 길 위의 선두는 늘 밤이다. 그는 길목마다 여러 개의 아지트를 숨겨 놓았고, 그날의 기분에 따라 자신의 선택지로 나를 안내했다.

길가엔 우리의 호기심을 끌 만한 것이 많았다. 바람이 일렁일 때마다 대지에 물결을 그리는 나무 그림자, 간밤에 젖은, 윤곽을 드러낸 반짝이는 자갈들, 그 위에서 바람의 춤사위를 흉내 내는 배추흰나비, 나무 위에서 낮잠을 자는 새의 토실한 뒷모습.
아직 이 땅에 도착하지 않은 꽃들을 상상하거나, 나무들을 점검하거나, 강아지처럼 코를 쿵쿵거리며 걷다 보면, 내가 지닌 우물이 조금씩 얕아지면서 비로소 육신은 깊은 잠에서 깨어난다. 마음의 중심까지 밝은 것으로 채우며, 밤이의 꼬리를 따라, 때로는 나를 이끄는 평화와 심장에 흐르는 발의 소리를 좇으며 걷는다.

"어서 따라와, 여기는 안전해."

앞서 걷는 밤이가 뒤돌아보며 사인을 보내면 나는 이내 알게 된다. 작은 아이가 나를 데리고 다닌다는 것을. 끈질기게 나를 살리고 있음을. 밤이는 나를 보며 짖는다. 하늘도 보고, 구름도 보고, 별도 좀 쐬라고, 검은 얼룩과 물 때를 말리라고.

우리는 잣나무 둘레길과 벚나무 군락지를 지나, 산 정상의 누각으로 향한다. 밤이가 숨겨놓은 무지개 구슬이 있는 언덕으로 가기 위해서이다. 가는 길마다 솔바람이 등을 밀고, 봄의 가장 긴 손이 이마를 짚는다. 나뭇잎 사이로 빛이 수직 낙하할 때면, 땅에 그려진 빛의 동그라미를 징검다리 삼아 우리는 사뿐히 통과했다.

언덕이 가까워짐에 따라 발걸음도 빨라진다. 밤이는 기다리지 못하고 작은 언덕 위로 먼저 뛰어 올라간다. 뛰어가서 나를 보면서 짖는다.

"빨리 와, 여기야."

언덕에는 이른 오전부터 광양을 충분히 받아, 새로운 에너지를 품은 풀들이 태양 아래 곱게 누워 있었다.

공기는 한층 더 짙은 숲의 초록으로 촘촘했다. 풀잎은 살이 올라 있었고, 갈참나무의 여린 새순은 소생을 상징하듯 연둣빛을 띠었다. 바람처럼 저 멀리에서부터 몰려오는, 몰려오다 점차 거대해지는 야광빛 나무들. 머리 위로 흘러가는 구름은 저편 언덕까지 차례로 그림자를 드리우며 풍경을 쓰다듬고, 음영이 움직일 때마다 빛이 손등 위로도 떨어진다. 아무것도 강요하지 않고, 무언가 하지 않아도 되는 곳이 여기 있다.

다만 멍하니 하늘을 바라보거나, 새들의 동선을 따라 고개를 조금 움직여 볼 뿐이다. 떨어지는 꽃잎의 개수를 세어보거나, 그것이 손바닥에 떨어지도록 팔을 조금 올려다볼 뿐이다. 언덕의 경사에 피어난 토끼풀을 헤치고 네잎클로버를 찾거나, 언덕에 가만히 앉아서, 존재의 뿌리 아래 몇 개의 구슬이 깨어나기를 기다리며 반짝이는 약간의 질문을 수집할 뿐이다. 이곳에서 나는 번잡한 생각과 우물을 말리며, 점차 인간을 잊는다.

언제부터 이런 삶이 시작되었는지는 모른다. 밤이가 오래전 나를 이 세계에 자연스레 안내하지 않았을까.
분명한 건, 우리는 취향이 꽤나 닮았다는 것이다. 실내보다는 바깥을 좋아한다거나, 안 가본 길을 탐험하는 취미라거나, 풍경을 눈에 담고 코를 킁킁거리며 오래 걷는 일 말이다.

그런 방식으로 우연히 걷다 보면 자주 마주하게 된다. 흐드러진 꽃의 하얀 말, 낯선 이의 손길에 꼬리를 마구 흔드는 유순한 강아지, 뒷짐을 진 채 풀 위를 걷는 노새들, 한 발 치 앞에서 멀지도 가깝지도 않은 것들. 무심하면서도 서로를 알아보는 모든 존재의 세심한 선. 어떨 때면 그런 것들이 너무나 온화해서 인간보다도 더 인간적이라는 생각마저 든다.

산책하며 알게 된 사실은 세상은 원초적 순수함으로 가득하고, 그 자체로써 모두를 향해 놓여 있다는 점이다. 그것을 나의 작은 천사도 알고 있었고, 우리는 동의했고, 침묵했고, 눈짓했으므로, 비밀 결사원처럼 하나의 삶을 함께 걷게 되었다. 우리는 오늘도 숲이 되었다가 나무가 되었다. 풀잎이 되었다가 바람이 되었다. 그렇게 거닐다 콧잔등과 소매, 무릎이며, 발목이며 흙투성이가 되어 귀가하곤 했다. 자연 그대로의 순수함으로, 어떤 인위나 위해 없이 어울리는 생명체는 오직 밤이 뿐이다. 종종 낙엽 더미에 뒹굴거나, 땅에 구르며 개똥을 묻히기도 하고, 으슥한 덤불숲으로 사라져 도깨비 가시풀을 온몸에 붙이고 돌아 나오기도 하지만, 우리는 서로를 위하는 방식을 안다. 벤치에 앉아 쉬면 밤이는 그 옆에 얌전히 앉아 나를 기다려주기도 한다.

걷다가도 우리는 수시로 눈빛을 교환한다. 밤이가 앞서가다가 '여기는 안전해. 잘 따라와'라는 신호를 보이면 눈빛으로 응답하고, 내가 "기다려, 거기는 안돼."라고 하면 그 말이 끝나기 전에 밤이는 행동을 멈춘다. 대화하지 않아도 이미 우리는 많은 걸 나눈다. 그렇게 8년을 함께하며, 서로는 제법 닮아간다.

우리가 바라보는 것이 우리를 이룬다고 믿는다. 그래서 언제까지나 유순하고, 맑고, 청아한 것만 눈속에 담고 싶다. 푸르름과 생기 같은 것, 무르고 동그란 것들, 무해하고 무구한 것들, 물방울, 물망초, 열매, 도토리, 이런 귀여운 단어만 사는 세계. 매일 우리는 그런 것들로 가득 채워나간다. 사람들이 살아가는 세상과는 무관하게, 슬픔을 가능한 한 멀리 던져버리고, 우리만의 세계를 더욱 단단히 구축해 나갈 것이다. 그 믿음이 나를 이끌게 하고, 살아가게 한다.

고단한 일과를 마친 후, 침상에 누우면 밤이가 가슴에 올라와 나를 바라본다. 그러면 나는 밤이의 눈가에 온기를 불어넣는다. 가만히, 가만히 바라보는 방식으로. 그러면 밤이의 내부가 조금 더 따뜻해진다. 나는 분명 그렇게 느낀다.

어둠이 다시금 보금자리를 장악하고, 아무것도 보이지 않자 왠지 우리는 이제 하나같다. 하나의 우주에 들어앉은 삶이라니. 이렇게 가까운 숨으로 얽혀버렸으니, 그 어디에서도 떨어질 수 없는 운명이라니. 꽃이 가지 끝에 붙어 있듯, 작은 아이에게 꼭 매달려서 이렇게 살아가고 있다니. 대화도 언어도 다른, 전혀 다른 종이 내 품에 안겨 잠든다. 의지하려 할 때, 내가 끌어안는 것은 언제나 인간이 아닌 세계이다. 눈을 감으면, 밤이는 옆에 있어도 너무나 커진다. 밤이에게선 늘 봄볕 냄새가 난다.

눈을 감으면 청록빛으로 물든 풍경 속에서 뛰어노는 밤이의 모습이 보인다. 짙은 풀 향과 곤충의 울음소리, 그리고 날아가는 새들. 그 사이를 자유롭게 활보하며 무지개 언덕을 뛰노는 밤이와, 밤이의 작고 빠른 걸음 사이로 우르르 따라오는 꽃들도 보인다.

현실에선 밤이가 나를 따르는 편이지만, 잠 속에서는 내가 밤이를 더 따르게 된다. "잘 따라와." 밤이는 꿈으로 향하는 길의 모퉁이마다 영역 표시를 한다. 나는 그의 걸음을 따라 무의식을 향한다. 하루의 끝에서 눈을 감으면 초원이 펼쳐지는 날이 있다. 그럴 때면, 나는 제법 잘살아냈다고 안도하며 잠들게 되는 것이다.

내가 본 꽃

산수유, 매화, 목련, 개나리, 진달래, 산벚꽃, 민들레, 황매화, 옥매화, 제비꽃, 수선화, 산철쭉, 금계국, 병꽃나무, 명자나무 꽃, 박태기, 산딸나무 꽃, 찔레꽃, 물망초, 화살나무, 노루귀, 현호색, 라일락, 목수국, 애기똥풀, 히비스커스, 낮 달맞이꽃, 금낭화, 맨드라미, 아네모네, 튤립, 분홍바늘꽃, 패랭이꽃, 자귀나무꽃, 천사의 나팔, 제라늄, 쑥부쟁이, 맥문동, 자운영, 목단화, 작약, 수련, 들국화, 등나무꽃, 나팔꽃, 둥굴레 꽃, 살구꽃, 배꽃, 아카시아, 연꽃, 유채꽃, 채송화, 봉숭아, 백합, 원추리, 배롱나무, 장미꽃, 백일홍.

*이런 계절이 오면요,
나는 꽃의 언어를 해석하는 사람이 되어요*

〈사라지는, 살아지는〉 중에서

울고 싶은 날엔
숲으로 갈 것,
숲속에 가선 반드시
펑펑 울 것,
펑펑 울 것,
그리고
반드시 뒷짐 지고
웃으며 내려올 것,
이건 숲의 규칙이다.

눈물이 흐르면 반드시 꽃들은 등지고 울었다.
살겠다고 작은 저것들도 곱게 피어있는데,
이건 나의 규칙이다.

〈모든 계절이 유서였다〉 중에서

산책자의 일상

따사로운 계절이 오면, 나는 산책을 가장 중요한 일과로 삼는다. 그것을 위해 사는 사람처럼. 해마다 가장 짧게 지나가는 이 선선함이 온몸을 통과해 각인되고, 그 감각의 기억으로 또다시 긴 시간을 버티기 위해서도. 모든 순간을 아름다움으로 물들이기 위해서도. 그것을 받아적기 위해서도.

글을 쓰기 시작한 후, 도무지 그 장면에 들어가지 않고서는 아무것도 쓸 수 없고, 상상과 공상은 내게 한 줄의 문장도 허용하지 않기에, 나는 더욱 밖으로 나돌기 시작했다.

미지의 감각을 깨우기 위한, 충분한 광량과 한 줌의 흙 내음이 필요하다. 바람, 풀 냄새가 필요하다. 이따금 스며들기 좋은 빗소리도 필요하다. 무언가를 채집하고 포획하기 위해서도, 그러다 우연히 꽃향기를 따라 걷다가 예상치 못한 시간에 빠지기도 하지만, 이따금 거기서 빠져나오기 위해서도. 봄이 오면 모든 계획은 다음 계절로 미룬다.

어김없이, 오늘도 나는 숲으로 향한다. 햇빛이 비스듬히 내리비치는 거리와, 아이들이 술래잡기하거나 공놀이하는 떠들썩한 공터를 지나 육교를 건너면 갈참나무와 상수리나무가 늘어서 있는 숲의 초입에 다다른다. 아치형 장미 넝쿨을 통과하면, 마침내 내가 즐겨 찾는 숲이 모습을 드러낸다. 나무 그늘이 시원하게 드리워진 전나무 숲을 한참 지나면, 소음이 잦아들며 혼자만의 고요한 공간에 이른다.

숲에 들어서면 내가 해야 할 일은 단 하나다. 생각을 버리고 마음을 비우는 일이다. 그러니까 숲으로의 산책은 깊이 있는 사유를 위해 깊이 있는 텅 빔이 필요한, 일종의 나만의 비밀스러운 의식과도 같다. 깊이 있는 텅 빔이라니, 얼마나 무한하고도 확장되는 고요인가. 푸른 숲이 시작되는 이곳에서, 나는 인간의 허물을 벗고, 조용히 숲속으로 걸어 들어간다.

햇빛이 나무 사이로 쏟아져 흙길에 부드러운 빛의 조각을 남긴다. 미풍이 전나무 가지를 흔들면, 멀리 새소리가 밀려온다. 시간과 공간의 틈새마다 누구에게도 들키지 않은 평화가 스며든다. 모든 근심이 숲의 고요에 녹아 사라진다. 나는 이곳에서 저편의 현실을 모두 내려놓는다.

내가 하루 종일 머무는 곳은 주로 밤이가 가장 좋아하는 무지개 언덕이다. 여기 누워서 찬찬히 이동하는 구름을 감상하거나, 볕이 좋은 날에는 광합성을 즐기고, 가만히 부는 바람에 기대어 오수에 빠지기도 한다. 야외 테이블 위에는 노트에 채집한 꽃들을 나열하고, 제비꽃, 엉겅퀴, 찔레꽃, 금계국. 이렇게 꽃 이름을 읊조리거나 꽃말을 익히기도 한다. 이곳에서 우리는 빛깔을 달리하는 노을빛에 취하거나, 서서히 드러나는 별들의 숨바꼭질을 지켜보기도 한다. 운이 좋으면 바람 한 줄기에 섞인 소쩍새의 울음을 듣기도 한다. 이곳은 인적이 드물어 소음으로부터 침해받지 않는 유일한 장소이고, 대부분의 시간 우리는 이곳에서 보낸다.

벤치에 기대어 책을 읽다가도, 딱따구리나 작은 풀벌레 소리를 들을 때면 지면에 집중이 되지 않는다. 살아 있는 물성은 그 존재만으로도 한 권의 책보다 값지기에, 이곳에서는 그것을 읽는 것이 더 중요해 보인다.

어떤 날은 아무것도 발견하지 못한 채 비에 젖어 내려오기도 했고, 어떤 날은 많이 걷지도 않음에도 충만해지곤 하는데, 무언가 흥미로운 것이 떠오를 때면, 나는 주머니 속에 작은 수첩을 꺼내어 두서없이 한 문장씩 적어두기도 한다.

나무의 잎과 잎을 타며 노는 빛의 물질들.
어디선가 맑게 지저귀는 휘파람새, 물결을 일으키며 먼 곳으로
바람을 밀어내는 잎새들.
숲의 구석구석 마지막 향기를 떨어뜨리며 조용히 떠나가는
아카시아 꽃. 저편 가지 끝에 살며시 매달려 있는 고요.
참나무 꼭대기에 있는 티티새의 집.
저편에 숨어서 등을 계속 긁고 있는 오소리.
밤의 숲에서 아무도 모르게 자세를 바꾸는 나무들.

오래되고 건강한 나무를 따라 바람이 모여들었다. 문장을 쓰다 말고 나는 바람을 따라 눈길을 옮겼다. 새들의 날갯짓을 따라 시선을 이동하다 언덕으로 내려오면, 이내 언덕 위의 풀 사이를 헤치며 네잎클로버 찾기를 했다. 네잎클로버를 찾다 말고, 주변에 핀 꽃들을 관찰했다. 뾰족한 잎을 늘어뜨린 채 얼굴을 내미는 순백의 찔레꽃, 언제부터인가 군락을 이루어 무리 지어 피어난 꼬리 조팝나무, 꽃의 솜털이 작은 짐승처럼 부드럽게 빛났고, 빛은 군데군데 사사로운 작은 들풀 위에서도 놀다 갔다.

벚나무 아래 누워 있으면 햇살이 눈가와 이마를 번갈아 가며 적신다. '적신다'라는 표현은 어울리지 않지만, 물을 머금은 스펀지처럼 온기가 척추 끝까지 스며드는 것을 느낀다. 자연은 나의 근심과, 슬픔과, 불안을 잠재우는 방법을 알고 있다. 아무도 가지지 못한 것을 아무도 모르는 것이 비밀스럽게 가지고 있어서, 나는 아무것도 적지 못한 채 내려오는 날이 많았지만, 적을 수 있는 문장보다 적을 수 없는 마음이 한계 없이 커졌다.

아름다운 풀벌레 소리를 무상으로 듣는 기쁨. 자연의 계절감을 온전히 누리는 축복. 아무런 대가 없이 주어지는 평온과 자유. 피어나는 꽃들의 축복 속에 나는 홀로 있다. 저들의 살 오르는 장면을 온전히 혼자 감상하다니, 마치 세상의 마지막 생존자처럼, 유일한 목격자처럼! 이제 막 열리는 꽃의 탄생을 함께 기뻐한다.

나뭇가지 위 햇살이 꽃을 흉내 내며 흔들리는 순간, 놀란 새의 비상을 지켜보는 순간, 왼쪽 뺨을 스친 바람이 오른쪽 뺨에 머무는 순간, 꽃잎이 무릎 위로 떨어지는 순간, 벤치에 앉아 짙어지는 어스름을 바라보는 그 순간. 순간의 열쇠는 꼭 닫힌 내면을 살며시 열어 놓는다.

오후의 한가로운 어깨에 앉아 한없이 기울어지며 놀았다.
한 개의 나뭇잎을 보았고,
일 초가 일 초의 바람을 밀어내는 장면도 보았고,
손끝에 그것이 조용히 와서 매달린 것도 보았고,
그것이 깍지 끼는 것을 보았고,
손끝에서 꽃이 피려고 하는 것도 보았다.
그 순간 하나의 문을 보았다.
시간의 바깥으로, 영원으로 흐르는 계절을 보았다.
떨어지는 꽃잎이 정지하는 순간,
바람이, 나뭇가지를 흔들다가 내 곁으로 몰려와
살결에 오래오래 눌러앉는 순간,
살결이 햇살을 야금야금 훔치는 순간,
이대로 더 바랄 것이 없다고 생각하는 순간,
그럴 때면 나는 더 이상 내가 아니다.
이미 영원의 몸이다.

〈사라지는, 살아지는〉 중에서

운명

언젠가 둥근 빛이 모여있는 언덕에 앉아 가만히 풍경을 곱씹던 때였다. 부신 눈을 감고 있을 때, 태양의 미세전류가 이마와 눈꺼풀을 타고 목덜미, 손등으로 서서히 흘렀다. 마치 알 수 없는 오렌지빛 액체를 뒤집어쓴 듯, 피붓결은 촘촘하고 간지러웠다. 그러나 그건 단순히 불쾌한 기분이 아니라, 나를 부드럽게 녹이는 혼곤한 느낌에 가까웠다. 순간 정신이 예열되며, 시들어가는 꽃이 물을 머금고 다시금 팽팽해지는 듯한 기분이었다. 그렇게 맑은 기운이 온몸을 감돌고, 손끝까지 전류가 흘렀다. 마치 죽어가던 세포가 되살아나듯, 나는 나도 모르게 전율했다.

너무도 신비롭고 벅찬 감각에 순간, '이건 운명이야' 하는 확신이 나를 휘감았다. 아마도 그때부터였을 것이다. 다음 날, 그다음 날에도 나는 찬찬히 자연을 거닐며 같은 감각을 반복했다. 그리고 이 비밀스럽고도 강렬한 인상은 나를 이전의 삶에서 전혀 다른 차원으로 옮겨 놓아, 그날 이후, 나는 산책을 하지 않고서는 살 수 없는 사람이 되었다.

마치 신내림 받은 것처럼, 맑은 무언가가 나를 열어 자신을 들이고, 다시 태어나는 기분 속으로 데리고 간 후, 본 적 없는 것들을 내어 보이는 순간, 세상 속에 또 다른 세상이 있음을 발견한 날로부터, 미지의 문이 나를 향해 열려 있음을 확인한 이후부터, 그러나 그곳으로 누군가를 인도하고 싶었지만, 아무도 궁금해하지 않아서 더는 말할 사람이 없어진 후부터, 이것이 내게만 주어진 특별한 선물임을 알아챈 그 순간부터, 그리고 작은 천사를 만나 함께 걷게 되면서부터, 나는 그 문을 매일 자유롭게 통과하며, 이제, 그것만으로 충분히 살 수 있게 되면서부터. 나는 숲의 일원이 되었고, 산책자의 긴 여정이 시작되었다.

단지 서 있는 자리에서 녹음을 폐부로 가득 들이마시며 호흡에 집중해 보거나, 아무도 관심 두지 않는 풍경의 미묘한 소리에 귀 기울여 볼 때, 손바닥을 활짝 펴서 나무처럼 광합성을 즐길 때, 바쁘게 귀가하는 사람들 틈새로 고개를 들어 노을을 올려다볼 때, 피부에 닿는 바람을 가만히 느낄 때, 바람이 서서히 몸을 관통할 때, 그것에 몰입한 나머지 자아를 잊고 세포 구석구석에 퍼지는 투명한 환희와 생기를 되찾아 '맞아. 이게 전부였어'라는 마음에 다다를 때, 신은 이렇듯 외롭고 깊은 사람을 비로소 환하게 깨운다. (그건 진심으로 구원이고 탄생이었다)

그리하여 나는 그날 이후 무언가를 맹신하기 시작했고, 이 믿음은 더 각별해졌다. 그리고 나는 마침내, 산책을 삶과 동일시하기에 이르렀다.

소로우는 그것을 신의 은총이라 했던가, 깨어남의 감각은 분명 신이 내린 선물과도 같다. 어느 날 문득 그 무엇이 우리의 걸음을 멈추게 하고, 말하던 입을 막고, 잠들었던 눈빛을 깨우며, 가슴에 손을 올리게 하기 전에는 우리는 그것을 알아채지 못한다. 그것은 거의 들키지 않을 만큼 소수의 산책자에게만 은밀히 허락된다.

누군가 내게 직업이 무엇이냐고 묻는다면, 이제 나는 망설이지 않고 "산책자"라고 답하곤 한다. 그건 꽤나 멋진 직업 같다. 이 일상은 산책이라는 커다란 질서 속에 있고, 나는 모든 일의 우선순위에 그것을 목적으로 둔다.

그리하여 나는 아무도 시키지 않는 일을 하러 숲으로 출근하는지도 모른다. 그런 일에 대한 묘한 사명감을 가진다. 숲속에서만큼은 살아 있음의 감각 그 자체로 온 마음을 다해 세심하게 걸음을 옮기는 것 같다. 산책은 단순한 행위가 아니다. 그것은 내가 마음 쓰는 방식이고, 삶을 사랑하는 방식이다.

전생이 있다면 나는 풀이었는지도 몰라. 수풀을 먹으며 인간을 피해 꽃밭로 걷던 겁먹은 노루였는지도 몰라. 달빛을 받고 고개를 서서히 드는 배꽃 같은 거나, 별들의 둥지를 지키던 새 같은 것. 그것도 아니면 기둥 위에 매달린 매미 같은 것. 내 영혼은 그 속에서만 늘 즐겁고 밝으니.

〈리타의 정원〉 중에서

그건 내가 마음을 쓰는 방식

그리하여 나는 아무도 시키지 않는 일을 하러 숲으로 출근하는지도 모른다. 그런 일에 대한 묘한 사명감을 가진다. 숲속에 서만큼은 살아 있음의 감각 그 자체로, 온 마음을 다해 세심하게 걸음을 옮기는 것 같다. 산책은 단순한 행위가 아니다. 그것은 내가 마음 쓰는 방식이고, 내가 삶을 사랑하는 방식이다.

오랜 시간을 야외에서 보내다 보면, 하찮고 사소한 것에 계속 눈길이 간다. 그들의 존재가 내게 더 잘 공명하기 때문일까, 아니면 동류의 연민과 다정이 내게도 남아 있어서일까, 어쩌면 초라한 것들에 초점이 잘 맞는 눈을 지녔기 때문일까. 아무도 관심 두지 않는 것들에 마음 쓰는 일은 거의 모두 나의 담당이 되었고, 살뜰히 그들을 살피다 보면, 오히려 하찮아 보이는 것들이 주는 동질감에 되레 위안을 받는다. 나는 자주 둥글게 모인 햇볕 아래 그들과 함께 정강이를 드러내고 앉아서 휘파람을 불거나, 콧노래를 흥얼거리며 숲의 고요를 즐긴다.

광량이 가장 풍부한 잔디는 이미 새들이 점령했고, 털갈이하는 덩치 큰 고양이와 종종 눈 마주치기도 한다. 우리는 서로 바라보며 도망가지 않고, 각자의 자리에서 자기 할 일을 하며 시간을 공유한다. 어느 날은 덤불숲의 안쪽에서 여기저기 흩어진 꿩의 깃털을 발견하곤 하는데, 밤새 이곳에 펼쳐졌을 생명의 절박함과 긴박했던 시간의 흔적을 추리하거나 '저편의 통통한 고양이 소행이 아닐까?' 하고 의심하고 노려보며 추궁하기도 한다.

이제는 나를 매일 지켜보는 새들도 더는 멀리 날아가거나 피하지 않는다. 새의 짧은 생을 생각하면, 그들은 어쩌면 전 생애 동안 나와 마주치지 않았을까. 우리는 매일 무언의 인사를 주고받으며, 경계하지 않고도 적절한 거리를 유지한 채 각자의 세계를 허용하며 노닌다. 나는 대부분의 시간, 계절의 변화에 따른 숲의 생태를 점검하고, 뒷짐 지고 걷는 새들의 하찮고 귀여운 뒤태를 꼼꼼히 기억하느라 하루가 짧다.

산책하는 동안 나는 실제로 많은 것을 돌본다. 꽃의 안색을 살피기도 하고, 무사히 열매를 맺었는지 확인하기도 한다. 다다른 나무 냄새를 맡으며 나무의 영양 상태를 가늠하거나, 때로는 돌연 어떤 향기나 새소리를 따라가기도 한다.

소나무와 잣나무, 죽단화와 옥매, 살구나무와 벚나무, 생강나무와 산수유, 산딸나무와 상사나무, 비비추와 은방울꽃, 모란과 목단. 이곳에는 면밀히 관찰하지 않으면 비슷해 보이는 것들이 많다. 딱새와 오목눈이의 차이를 찾기도 하고, 후투티의 목소리를 세세히 분해해 보기도 한다. 딱새는 어두운 톤의 올리브색을 띠며, 마치 물방울이 떨어지듯, 맑고 작은 종소리처럼 울고, 혼자 또는 적은 무리로 활동한다. 반면, 군집 생활을 하는 오목눈이는 다른 작은 새들과 생김새가 비슷하지만, 그들의 울음소리는 조금 더 날카롭고 빠르다. 후투티는 자주 작은 곤충이나 씨앗을 찾아 나무를 오르내리는데, 그들의 소리는 마치 나무를 타는 몸짓처럼 비교적 짧고 간결한 리듬을 지닌다.

숲에는 청설모가 남긴 흔적도 있었다. 밤사이 여물지 않은 밤나무 새순을 타고 놀았는지, 흙길 곳곳에 부러진 연둣빛 가지가 길을 어지럽혔다. 까치는 간밤에 흘린 가지와 꿩의 털을 주섬주섬 모으며 분주했다. 소문을 듣고 새들이 모이면, 나도 이들의 모의에 슬며시 합류하다 나오곤 했다.

식물은 예정이라도 한 듯 순차적으로 꽃을 피웠다. 내가 좋아하는 곳은 점차 영역을 넓혀가는 애기똥풀의 군락지다. 줄기에 상처를 입으면 황색의 유액이 나와서 애기똥풀이라 불리는 이 꽃은, 봄이면 두 개의 꽃받침 조각 위로 장란형의 네 장의 꽃잎이 피어나는데, 그 모습은 마치 노랑나비가 사뿐히 내려앉은 듯해서, 나는 종종 그것을 나비 꽃이라 불렀다.

애기똥풀의 꽃이 서서히 익어가면서 줄기에 선형 모양의 씨방이 맺히는데, 그것은 마치 아주 작게 축소된 강낭콩처럼 보인다. 씨방이 터지며 도처에 작은 씨앗이 흩뿌려지면, 개미들이 하나둘 모여든다. 씨앗에 붙은 흰 점액을 먹기 위해서이다. 언젠가, 나란히 줄지어 지나가는 개미 무리를 관찰한 적이 있다. 개미들은 등 뒤로 자신만 한 크기의 씨앗을 가득 이고 갔다. 개미는 정렬된 군단을 이루며 행렬하다가, 자신들의 땅굴로 차례차례 사라졌다. 그 안에서 개미는 씨앗의 표면에 있는 흰 성분만 갉아 먹은 후, 씨앗들을 여기저기 흩뿌린다고 한다. 그렇게 땅속으로 운반된 씨앗은 이듬해 봄, 더 넓게 꽃을 퍼뜨렸다. 한 해가 지나고 다시금 봄이 찾아오면, 노란 꽃 무더기 옆에도 새로운 노란 꽃이 빽빽이 자리했다. 애기똥풀은 움직이지도 않고, 개미를 이용해 씨를 더 멀리 퍼뜨리는 진화의 묘수를 쓰며, 태양 빛이 잘 내리쬐는 명당에 거대한 군락을 이루었다.

꽃들은 태양 빛줄기를 따라 고개를 앞으로 내밀고 있었다. 그러면 나는 하늘거리는 꽃잎을 조심스레 바라보다가, 어느 날은 꽃들이 허공을 타고 오르는 기분이 알고 싶어서 그들을 따르게 되는 것이다. 꽃의 감각에 대해 나는 상상할 수가 없다. 심장도 없이 꽃은 어떻게 내 심장을 겨누는가, 꽃의 육신으로 살아가는 것은 어떤 느낌일까. 호기심에 몰입할수록, 나는 꽃과 조금 더 구체적인 감화를 이루어 낸다.

그러니까 그 옆에 앉아 하늘을 올려다보며 가만히 눈을 감아 보게 된다. 허공에 손을 뻗는다. 1초, 2초, 10초, 그러다 시간이 무의미해질 때까지, 공간조차 의식하지 못할 때까지. 그때, 아, 탄성이 내게서 흘러나왔다. 오후의 체온에 녹아든 햇빛의 질감이, 어느새 내 손끝에도 닿아, 만져지는 것이다. 한결 한결 빛을 헤쳐 나가다 보면, 깊은 내부에서 무언가 솟구치고, 나는 그 무엇과도 비할 수 없는 떨림을 느낀다. 꽃들은 분명 만끽하고 있었다. 인간이 알지 못하는 비밀을, 낙원을. 나는 그곳에 귀속되기를 갈망한다. 그리고 이 느낌을 언젠가 인간 세계에 들려주고 싶어서, 작은 수첩을 펼쳐 한 문장을 적는다.

*애기똥풀이 자꾸만 허공을 탄다, 허공을 밟고 올라간다, 거기에 뭐 있나 궁금하여 손가락을 공중에 뻗고 있으면, 햇살이 손등을 탄다, 바람이 기어오른다, 이제, 나도 어떤 기분인지 알 것 같다.

*〈모든 계절이 유서였다〉 중에서

그 기분을 알 것 같으나, 더는 어떤 설명도, 묘사도 덧붙일 수 없었다. 그것은 이미 '아'라는 외마디의 탄성 속에만 가득하고, 잎맥과 맥박 속에만 온전히 푸르게 머물러 있기 때문이다. 그것은 바깥의 언어가 될 수 없고, 그리하여 그 자체로 충만한 사건이자 내게만 남겨진 영원한 비밀이 되었다. 감각은 고스란히 다시 내게로 되돌아왔고, 나는 잠시 말을 잊는다.

말을 잊는 자리에도, 꽃들은 계속 피어나고, 나무는 더 푸르러지고 있었다. 그 곁에서 다만 말없이 느낄 뿐이다. 그저 꽃이 되기도 하고, 나무가 될 뿐이다.

교화되는 것.

언제부턴가 이 일이 삶의 목적이자, 현실의 다른 일보다 더 중요한 가치가 되었다.

❧

너는 내게 다시 태어난다면
무엇을 하고 싶냐고 물었다.

가장 작은 마을에서 평생 꽃잎을 닦는 일을 할 거야.
꽃들의 언어를 해석하며 시를 쓰는 생을 살겠지.
아니다. 차라리 꽃으로 태어나자.
아무도 살지 않는 숲속에서 원 없이 피고 지자.

〈사라지는, 살아지는〉 중에서

산책이라는 직업

이런 시선으로 이루어진 일상은 신비롭다. 미미한 존재들에게서 나는 나다운 것을 발견하고, 그러니까 어떤 절박함과 자연의 섭리, 동시에 진짜의 삶을 맛본다. 사소하고 섬세한 시선일수록 그들은 내게 행복과 치유를 베푼다. 그렇다. 나는 쓸모없다고 여겨지는 일에 하루 대부분의 시간을 보낸다.

돌탑을 섬세히 쌓는 일도 좋고, 새들에게 모이를 주거나 그들의 안색을 살피는 일도 좋다. 꽃들을 점검하거나 꽃잎을 닦는 일도 좋다. 꽃이 피어나는 첫 순간을 달력에 빼곡히 적어두거나, 혹은 사람들의 발자국을 따라 걸으며 그들의 행적을 상상하고 기록하는 일도 좋다. 이런 직업은 세상 어디에도 없지만, 내게는 그것이야말로 가장 재능 있고, 가장 가치 있는 일 같다는 생각이 든다. 자연은 내게 무한한 가능성을 열어주고, 나는 매 순간 그것을 진심으로 즐거워한다. 길가에 떨어진 도토리나 열매를 발견하면, 왠지 모를 소중한 기분이 들어서 그것을 가만히 들여다보다가 한둘 주머니에 담아 귀가한다.

내 주머니 속에는 언제나 이런 볼품없는 것들로 가득하다. 때로는 이러한 쓸모없는 일로 생계를 유지하고 현실을 이어갈 수 있다면 얼마나 좋을까, 생각한다.

그런 곳이 있다면, 어떤 일이든 즐거울 것이다. 이를테면 이른 아침 안개 속에서 길을 정비하거나, 비 내린 오후에 흙 묻은 꽃잎을 닦는 일, 혹은 나무의 옷을 만드는 그런 사소한 일도 존중받는 곳 말이다. 그런 세계에서라면 누구나 자기 일에 기쁨을 느끼며 살아갈 수 있을 것이다. 원초적인 순수성으로 가득하고, 그 가치가 다 달라 획일적이지 않으며, 그 일을 통해 경제활동을 이어 나갈 수 있다면 좋을 것이다.

어떤 제약도 선입견도 없이, 차별도 관습도 없이, 저마다 다채로운 커뮤니티를 형성하고, 사람을 사회적 편견, 자본과 지위로 등식화하는 방식이 통용되지 않는, 나는 그런 세상을 꿈꿀 뿐이다. 거기서라면 우리는 진정 자유로울 수 있지 않을까.

그러나 유감스럽게도 삶은 우리에게 그런 평화로운 세계를 허용하지 않기에, 우리는 개별적인 일상 속에서 각자만의 고유한 가치를 찾아야 할 것이다. 이를테면 낙엽을 주워 낙엽 갈피를 만들거나, 새에게 모이를 주는 일, 혹은 화분에 물 주는 일, 혹은 정성껏 손 편지를 쓰거나, 오래된 물건을 조심스레 닦는 일.

그도 아니라면 아이의 머리를 따주는 일이거나 누군가를 위해 요리하는 일. 그것은 무척 신성한 일이다. 잠시 멈춰야만 가능한 일. 긴 심호흡이 필요한 일. 침묵하게 되는 일. 다소 숨을 참으며 몰입하게 되는 일. 그 자체가 명상이자 기도가 되는 일. 순간의 아름다움은 바로 그런 행위 속에 숨어 있고, 우리의 내면에 숭고한 공간을 만들어 준다. 그런 행위를 한다는 것은, 마음속에 신의 자리를 마련하는 일이라 여긴다.

여기, 누구보다도 공들여 산책하고, 숲을 살피며, 그것을 기록하는 자가 있듯. 비록 하찮은 일이라 여겨질지라도, 작은 일상을 지키는 것보다 세상에서 가장 중요한 일은 없다. 마음속에는 이루지 못할 터전을 계속 상상하지만, 그러한 이상은 언제나 손에 닿지 않는 꿈으로 남는다. 그럼에도 나는 여전히 나만의 작은 낙원을 지켜내려 애쓴다. 도심으로 나가 상처받거나 지쳐 귀가할 때면, 나는 눈을 감고 점차 흐려지는 청록빛 장면을 다시 복구하는 데 많은 시간을 들인다.

내가 살아가는 곳에서는 털실로 나무의 옷을 엮는 소녀도, 피리를 불어주는 이도 없지만, 나는 아무도 없는 숲에서 바람의 결을 따라 나선형으로 걸어보기도 하고, 며칠 동안 외운 노래 가사를 나무 아래서 불러보거나, 아직 이곳에 없는 꽃의 빈자리를 오래 바라보기도 한다.

나는 나만의 숲을 이루기에 전념하고, 그 안에서 스스로 만족한다. 알려지지 않는 숲에는 다정한 것들로 가득하고, 무용함을 찾아 나서는 산책자의 삶은 언제나 바쁘다.

마음 한켠 신의 자리를 방치하지 않는다. 그러니까 그것은 곧 마음을 이루는 일이기 때문이다. 내가 산책하는 이유는 단순히 숲을 걷기 위함이 아니라, 숲을 이루고자 하는 마음이라고 믿는다. 한 그루의 나무를 마음속에 심어두고, 그것이 마르지 않도록 물을 주는 마음, 비록 하찮을지라도, 섬세히 돌보는 마음 같은 거라고 말이다.

저를 울리기도 하고 흔들기도 하는 것은
단지 유약한 것
말이 없는 것뿐이라서,
어떤 밤,
꽃이 진 자리라던가
달빛이 모여있는 자리를 걸으면
다리가 순식간에 휘청거리곤 했습니다.
오늘 산책한 숲속에는
아카시나무 꽃향기가 그득했습니다.
벚꽃 진 이후로 계속 기다렸거든요.
저 많은 향기를 나무는 어찌 참았나 싶었어요.
위로 되었어요.
당분간은 또 희망을 살겠지요.

꽃이 졌다고 슬퍼한다면
아직 피지 못한 꽃들이 서운해합니다.
아직 만나지 못한 꽃들이 더 많은 까닭에
꽃을 쓰는 일을 멈추지 않을 것입니다.

〈모든 계절이 유서였다〉 중에서

"진리를 찾는 자는 두 개의 책을 가져야 한다.
하나는 자연에서, 다른 하나는 자신의 내면에서."

_카비르

나는 나무에게 물었다. "네가 주는 것은 무엇인가?"
나무가 대답했다. "네가 가져갈 수 있는 것은 무엇이든."

_카비르

세상에는 산책을 취미로 삼는 자가 있고, 그것을 하지 않고서는 살 수 없는 자가 있다. 많은 사색가가 산책을 예찬하듯, 자신의 고요한 걸음 속에서 전체를 발견한 이는 이제 영혼의 산책자가 된다.

흔들리고 흘러가는 풍경 앞에 서서 경의와 황홀을 느끼며, 나도 모르게 가슴을 쓸어내리는 일상. 그것은 신의 선물이자, 흔치 않은 축복이다. 이 낙원은 쉽게 주어지지 않는다. 영원할 것만 같았던, 죽음뿐인 고행길을 다 통과한 자만이 획득할 수 있는 인장과도 같은 것이다. 그리하여, 마음이 부는 나무 아래에 앉아 하늘을 올려다보는 이, 그 앞에서 자신을 완전히 잊은 이. 나는 그 곁에서 알 수 없는 동질감과 애틋함을 느낀다. 이 마음, 함께 겪을 수 있는 사람들이 언제나 곁에 있기를 바란다.

더 깊은 존재의 차원 속으로

산책은 단순한 행위가 아니라, 시간의 흐름 속에서 존재를 고요히 마주하는 일이다. 또한 산책은 내가 서 있는 세계의 바깥에서 정신세계로 이행되는 과정이다. 그렇게 서서히 다른 차원으로 입장하며, 나는 내면의 깊은 곳과 자연이 맞닿는 경험을 한다.

인간의 삶과 자연 사이에는 미묘한 연결고리가 존재한다. 우리가 딛는 모든 길은 자연과 끊임없는 대화의 일부이다. 우리가 잊고 살아가는 무수한 순간들 속에서도, 자연은 우리에게 계속해서 소통을 시도한다. 그리고 나는 그것을 옮겨와 가슴속에 깊이 새긴 후, 다시금 내부에서 바깥으로, 자연의 언어에서 인간의 언어로 전달하고자 한다.

산책은 인간을 버린 채 세상을 느끼는 감각이고, 글쓰기는 다시 인간의 본분으로 되돌아와 그것을 기록하는 현세의 일이다. 나는 그 두 가지의 것 외에는 거의 아무것도 하지 않는다.

더 깊은 존재의 차원 속으로

나는 늘 모든 순간, 막연한 끌림에 의해 걷게 된다. 어떤 감각이 나를 숲으로 불러들이는지 알 수 없지만, 여전히 나는 순간이 만들어낸 이 푸른 그림의 배경 속으로 계속해서 걸어 들어간다.

유월의 숲은 생동하는 초록으로 가득하다. 살아있는 것들이 절정을 향한다. 나무들은 서로의 그늘 속에 겹겹이 서 있고, 드문드문 열려 있는 나뭇잎의 틈새로 빛줄기가 비처럼 쏟아진다. 빛의 입자들이 촉촉한 흙 표면을 부드럽게 말린다. 굴참나무 어린잎 사이의 새소리가 바람과 뒤섞이며 울린다. 바람이 지나갈 때마다 풀잎은 낮은 탄성으로 흔들리다, 이내 다시 고요를 찾는다. 하나의 세계가 하나의 세계를 감싸며 통과하고, 모두는 시간의 긴 꼬리를 당기며 함께 율동한다. 숲은 마치, 모든 것이 유기적으로 연결된, 거대한 생명체처럼 보인다. 세부적으로 보면 각각의 식물은 본연의 원력으로 자신의 역할을 다하지만, 그 전체는 하나의 규칙성을 지닌다.

마치 바람에 흔들리는 나뭇잎처럼, 각기 다른 방향으로 향하면서도 결국은 하나의 결로 출렁인다. 그 어떤 곡해와 이해 없이, 이곳에는 자연 섭리를 그대로 수용하는 것들만 가득하다. 자아가 없으므로 변화에 저항하지 않고, 그대로 환경에 순응한다. 이곳에는 담이나 벽이 없으며, 그 어떤 경계의 기류도 감지되지 않는다. 모두는 자신을 자각하지 않고, 대항하거나 맞서지 않는다. 자신을 무한히 내어주며 환경에 순응한다. 외부와 교화되어 더 아름다운 존재감을 발한다. 이곳에는 어떤 억지나 인위적인 노력도 없다. 그저 흐르는 대로 흐르는 숲은 그러한 존재들의 하모니로 이루어져 있다.

태양 빛 아래 지저귀는 새들 속에는 근심이 없다. 불현듯 방문한 미풍에도, 나무의 푸르름 속에서도, 아침 안개 속에서도, 달빛과 새벽 이슬 속에서도, 저물어가는 노을빛의 이동 속에서도. 이곳 모든 것들은 사상 없이 그저 조화를 이루어 내며 세상의 단 한 번뿐인 그림을 계속 그려내고 있다. 점차 익어가는 장면 속에서 나도 모르게 근심에 빠지는 동안에도 번져가는 빛의 흰 점들은 내 손목에 닿아, 무사히 살아있는지, 맥동하는지, 자꾸만 청진한다.

모든 나무는 가지를 잔뜩 펼치며 흔들린다. 모든 힘을 빼고 그대로를 즐긴다. 나무는 어둠과 안개를 두려워하지 않는다. 계절의 혹독함을 그대로 수용한다.

그럴 때면 생각과 이념은 생존의 본질적 에너지가 아니라는 것을 알게 된다. 자연은 매 순간 그렇게 무심히 지나가고, 그저 이 리듬에 속하는 것만으로도 충분히 여유롭고 평온한 듯 보인다.
그러나 나는? 이 삶은? 모든 것을 그대로 현시하는 세계에서 나는 가장 복잡한 감정의 뿌리를 지녔다. 나는 언제나 독단적이고 이기적이며, 모든 것에 저항한다. 자연은 때가 되면 떨어지기 위한 준비에 돌입하지만, 나는 언제나 떨구지 않기 위한 안간힘으로 버티며 살아간다.

나는 세상의 반향자를 자처하고, 스스로 감정과 고통을 창작한다. 인간은 자유와 행복을 찾고자 하면서, 동시에 자신 속에 저를 가둔다. 스스로를 더 깊은 외로움 속으로 몰아놓고, 나가지 못하는 이유를 찾는다. 그 점은 자연의 면모와 상반되어, 자주 인간의 한계를 말하게 한다. 그러나 면밀한 시선으로 지금, 이곳, 자연한 현상 앞에서는 내가 창조한 슬픔이 한없이 보잘것없음을 알게 된다.

이곳에는 동물과 식물, 바위와 흙, 인간과 나무의 경계를 넘어선 것들이 도처에 뒤엉켜 있고, 바람결에 산란하며 그 무엇으로도 명명할 수 없는 다채롭고 신비한 움직임으로 가득하다.

나는 계속해서 창조되는 이 그림의 배경에 동참한다. 서서히 그 그림 속으로 들어가, 순간의 영원, 하나의 순수성으로 회귀하고 있었다. 나는 어느덧 이동하는 구름의 속도로, 서서히 날아가는 듯한 기분으로, 존재를 잊고 나무에 매달린 바람과 살아있는 빛의 춤으로서 허공에 함께 반짝였다. 신비로운 물질들과 함께 하나로 뒤엉키며 어디론가 흐르고 있었다.

어느새 나는 무시간 속에 놓여 있다. 얼마나 오래 머물렀을까. 아니, '얼마나 오래'라는 개념은 이곳에 적합하지 않아 보인다. 시간이 흐른다는 생각은 착각이라던 로벨리의 말이 떠오른다. 문장을 곱씹지 않아도 그것은 순간의 체감으로도 알 수 있었다. 무시간적 영원. 나는 그 속에서 분명 무엇으로 존재하고 있었다.
이 느낌은 아무에게도 중요하지 않지만, 내게는 가장 중요한 사건이었고, 평범하기에 절대 평범하지 않은 순간이었다. 마치 이 장면을 만나기 위해 살아온 것처럼 말이다.

존재를 움켜쥐지 않기에 사방으로 열려 있으며, 무한대로 뻗어가는 이 투명한 기운은, 육신을 청량하게 관통하고, 인간이라는 감옥을 해체하며 영혼의 한계를 풀어헤친다.

어떤 기운은 발목을 서서히 휘감고, 옷깃에 매달리다가, 피부를 감싸기도 하고, 내부에 도달해 나를 강하게 흔든다. 흔들며, 내가 오래전부터 형성해 온 헛된 자각과 의식을 한 커풀씩 벗겨내며, 그것은 실재가 아니라고 속삭인다. 각인된 허상의 오래된 얼룩을 표백한다.

인간이 불행한 이유는 형성된 자아와 고정된 집념으로 살아가기 때문이고, 자연이 평화로운 이유는 수용과 현상으로 살아가기 때문이다. 나는 자연의 율법에 동참해 바람의 기분으로 서서 천천히, 호흡만을 유지한다. 어느덧 나 이전으로, 나 이전의 평화와 고요로 향한다. 이내 시선은 미간 사이에서 조금 더 높은 곳에 떠 있고, 나는 공기 속에 녹아내려 단 하나의 숨으로만 남는다. 그러면 자아는 서서히 사라지며 물질을 초월하고, 나는 숲이 된다. 바람이 된다. 모든 것을 통과하며 흩날린다. 그때부터였을 것이다. 내가 인간으로서의 산책을 넘어 한 차원 더 높은 영혼으로의 산책으로 도약하게 된 계기가. 숲에 들어서면 모든 풍경은 내 감각의 일부가 되어, 그 순간 나를 이루려는 것들이 함께 흔들린다.

그리고 이 느낌은 소유하지 않는 것들로부터 다가와 너무나 명징하다. 숲이 숲이기 이전의 역동적인 생명력, 무구한 감수성, 발생하기 이전의 어떤 전조, 솟아나는 힘, 솟구치는 힘, 떨어지는 힘으로. 존재의 현상, 그 원시성에 근접할수록 삶은 인간이 보아온 것과 전혀 다른 풍경과 면모를 보여준다. 그러니까 자아로 하여금 그 무엇이라고 믿었던 믿음으로부터 스스로 탈각하여, 탄생의 시점으로 감각하게 되는 것이다.

발목을 붙잡는 인간의 고통으로부터 벗어나기 위해 몸부림쳤던 시간, 그리고 무수한 시도 끝에 나는 모든 힘을 풀고 결국 도달하게 된다. 영원의 고요와 평화로.

실체를 제대로 보려면 나를 구성하고 있는 모든 정신적 요소를 해체하고, 신의로 가득 찬 사상을 배반하며, 모든 종과 계를 완전히 허물어야 할 것이다. 단지 이러한 상태로 존재해야 한다. 인간에 얽히고 갇혀버린 환상에서 벗어나, 고차원의 시력을 되찾아야 할 것이다. 내가 나라고 믿었던 것들을 하나둘 내려놓음으로써 비로소 우리는 자연스레 드러나는 모든 것들을 있는 그대로 수용하게 된다.

언젠가 당신에게 이 이야기를 해주고 싶었다. 무언가 알고자 한다면, 실재에 접근하는 방법은 이것밖에 없는 듯하다고 말이다. 정말, 아무리 시도해 보아도, 신이 인간에게 제안하는 삶의 방향은 이것밖에 없는 듯하다. 고통이라는, 스스로를 옭아매는 환상을 무산시키며 존재의 실체를 그대로 바라보는 일 말이다. 그리하여 당신에게 나는 이토록 고백한다.

이 푸른 손을 잡아주기를, 동참하기를, 함께 걸어주기를.

그러나 아직, 그런 일은 일어나지 않았고, 우리는 저마다 스스로를 보호하려는 돌멩이처럼 삶 속에 깊숙이 박혀있는 듯하다. 익숙한 무게를 스스로의 일부처럼 여기며, 그 속에서 눈을 감고 있는지조차 알지 못한 채로.

나는 언젠가부터 산책하는 삶이 내 운명임을 받아들이게 되었고, 그리하여 오늘도 인간의 무게를 덜어내며 조금 더 깊은 존재의 차원 속으로 외로이 걸어 들어간다. 단 하나의 호흡 소리와 명징한 심장의 떨림만이 남도록. 세계 이전의, 나 이전의 생명감, 그것만이 충만하도록.
나는 걷는다. 혼자이지만, 혼자가 아닌 기분으로.

이름이 되지 못한 것들, 아무것도 아닌 채로 남아 있는 모든 것, 영원히 상실되지 않는 것을 본다. 열기 속에서도 계속해서 기록되는 꽃들은 사라지지 않는 너머로 향하고, 나는 그 앞에 서서 오래 질문을 한다. 무엇이 남아 나를 이토록 피어나게 하는지.
아마도 모든 계절, 나는 인간이 아닌 어딘가에 존속되어 있느라, 거기서는 잘 보이지 않을 것이다.

계속해서 걷다 보면, 나는 어느새 깊은 호흡과 심장의 진동 속에 남겨진다. 인간의 고민과 상념을 지나, 하나의 생명과 영혼으로 남아 있다.

무경계

그렇게 나는 무지개 언덕의 부드러운 초록빛 풀 위에 누워 있었다. 아니, 잠시 나도 모르게 단잠에 빠졌던 것 같다. 서서히 눈을 뜨자 여전히 하늘은 눈부셨으며, 그 사이로 흩어진 구름은 마치 얇은 면사포처럼 하늘을 가볍게 감싸고 있었다. 하늘을 나는 기분 속에 들어가, 언덕 아래를 내려다보면 짙은 녹음의 숲이 끝없이 이어졌다. 바람이 나뭇가지와 잎사귀를 흔들며 숲을 통과할 때마다 마치 멀리서 밀려오는 파도처럼 출렁였다. 새들은 숲의 높은 가지 위에서 서로를 부르며 간간이 울었고, 이따금 그들의 날갯짓이 내 시야를 스치곤 했다. 나는 하늘을 회전하는 새 한 마리의 날개 속에서, 끝없이 이어지는 시선과 흐름으로 존재하는 듯했다. 시간은 단순한 연속적인 흐름이 아니라, 순간순간 겹쳐지고 확장되며 무한한 감각 속에 퍼져나갔다. 그리고 공기처럼 주변을 감싸며 원을 그리는 듯 흘렀다. 시간은 더 이상 선형으로 흐르지 않는다. 나는 무한한, 싱그러운 풍경들과 함께, 허물을 벗은 채 더 이상 내가 알지 못하는 시간으로 이동한다. 근원적이고 원초적인 감각에 동조하며, 때로는 잎과 새, 흙과 빛의 일부가 된다. 태양이 빚어낸 생명과, 바람이 새긴 물결이 된다.

저편에서부터 바람이 불어온다. 나는 바람과 뒤섞인다. 그 순간, 나는 어떤 모습으로든 변할 수 있는 가능성이 된다.

그렇게 나는 인간에 의해 규정된 모든 존재의 한계를 벗어난다. 존재는 모든 것으로 이어지는 무한한 연속체이므로, 환경에 따라 자유롭게 재구성하며 변주될 수 있다. 시차에 종속되지 않으며, 제약으로부터 자유롭다. 나는 그 무엇에도 무관한 채로 바라보는 시선이고, 한 번 뿐인 호흡이며, 흩어지는 상태이다. 지금, 이 글을 쓰는 것은 내가 아니라 '나였던 순간'이다. 나는 나조차 붙잡을 수 없다. 나는 삶과 죽음 사이의 무한한 시도일 뿐이다.

그렇게 열린 상태로, 모든 방향으로 뻗어나가며 세상에 나를 내맡긴다. 미래로 나아가면서, 동시에 인간의 시간 속에서 현재를 모든 면으로 담아낸다. 내 안에 감춰진 가장 내밀한 본능적인 비밀을 기꺼이 보존하려는 마음을 주시하면서, 인간으로서의 나를 수용하면서. 나는 내 한계를 인식하면서도, 유한성과 무한성을 동시에 안고, 그것을 넘어서는 가능성으로 살아간다. 이 순간, 이렇게 존재하고 있다.

귀로 서 있게 하는 것. 향기로 서 있게 하는 것. 서 있는 것을 안개로 있게 하는 것. 안개로 있는 것을 다시금 입김으로 있게 하는 것. 나는 아무것도 아니지만, 이제 막 모든 것이 되었다.

힘이 들 때는 사람들을 떠올리는 것보다 한 권의 책을 쓰다가 이내 서글퍼지는 것보다, 산책이 더 위로되기도 한다. 자연은 너 왜 그러냐고 의심하지도 않고, 다그치지도 않는다. 외면하지도, 나무라지도 않는다.

상처 주지 않는 친구들은 늘 자연뿐이니.

〈리타의 정원〉 중에서

산책과 기원

생각이 일상의 경계를 넘어 나를 잠식하려 할 때, 나는 신발 끈을 단단히 묶고 무작정 걸음을 내디딘다. 그렇게 하염없이 걷다 보면, 머릿속에 끊임없이 떠오르던 생각들이 서서히 멀어져간다.

생각을 지속하는 행위는 정신 건강에 해롭다. 그럼에도 깊이 생각하기를 멈추기 어려운 나로서는, 그 흐름을 끊을 특효 처방이 필요했고, 언제부터인가 산책은 내게 생각을 비우는 전위가 되었다. 한껏 걷고 나서야 신기하게도 머릿속이 깨끗이 비워지는 것이다. 깊이 생각하는 행위는 사고의 깊이를 더 하는 일이 아니라, 오히려 그것을 깨부숴야 하는 일이다. 생각이란 결국, 생각을 없애는 기술이기 때문이다. 나는 산책을 통해 그것을 연마하며, 스스로를 정화한다. 걸음을 옮기며, 내가 지닌 생각의 우물이 얼마나 허무한 허구로 가득 차 있는지를 주시하는 것은 무엇보다 중요한 일이 되었다.

걸을 때마다, 나는 내가 품고 있는 생각이 견고해지고 있음을 생각하고, 그것을 어떻게 부술 수 있을지를 고민한다. 우리는 자기 생각에 매몰되어 그것이 절대적인 신념인 듯 살아가지만, 그런 생각은 결코 우리를 더 나은 방향으로 이끌지 않는다. 인간의 고립된 생각은 자아를 더욱 강하게 결집하고, 우리는 그것과 무관함에도 나 자신과 동일시 한다. 그렇게 응집된 자아는 진정한 나를 능가해 삶을 계속해서 잡고 흔든다. 언제나 외부에 반응하고 충돌하며, 감정을 유발한다. 우리는 그 갈등 속에서 불필요한 에너지를 끝없이 소모하고, 반복되는 혼란 속에서 본래의 나를 영원히 망각한다. 결국 무엇을 위한 삶인지 잊은 채, 에고가 몰아치는 대로 살아가게 된다. 그리하여 생각을 하는 것이 아니라, 생각을 생각해야 한다.

많은 사람들은 여전히 깊은 고심을 하며 삶이라는 미로에 갇혀 있다. 그곳은 언제나 복잡하고 좁아서, 쏟아지고, 엉키고, 넘어지면서 탈출하기를 염원한다. 때로는 무릎을 꿇고, 때로는 서로를 부둥켜안고 울며. 그러나 거기서는 어떤 방향도 제시하지 않기에, 하나의 미로를 영원히 헤매는 형국이다. 그러나 언제부터인가 나는 다른 차원의 위에서 삶을 조망하게 되었다. 그런 방식으로는 결코 출구를 찾을 수 없다는 사실을 알게 된 것이다. 이 모든 것으로부터 해방되기 위해서는 해방을 목적으로 삼기보다는, 애초에 근원으로 돌아가 전혀 다른 의식의 조감도가 필요하다. 한 그루의 나무가 아닌,

더 높은 곳에서 숲을 바라볼 수 있어야 한다. 다른 접근 방법과 고양된 의식이 필요하다. 그것을 가능하게 하는 유일한 행위가 바로 산책이었다. 산책은 엉켜있는 나 자신을 조금 더 객관적인 사유로 이끈다. 아주 간단하게도, 무작정 걷다 보면 어느새 마음의 혼란이 정돈되기 시작한다. 그렇게 마음이 이완되고 나서야 마침내 나는 '나 자신'이라는, 에고의 개념에서 벗어난다. 벗어나야만 비로소 내가 보이며, 내가 어디로 향하고 있는지, 명확히 볼 수 있게 된다.

사실, 그 무엇보다 중요한 건 생각이 사라지고 비워지는 과정일 것이다. 바로 그때에만 진정한 통찰이 가능하다. 그리고 그 통찰을 하게 하는 것이 바로 걷기이다. 걷는 동안, 그 어느 때보다 마음이 맑아지고 있음을 경험한다. 우리는 한 번쯤 그런 순간을 경험해 본 적이 있을 것이다. 잡념이 사라진 한순간에, 혹은 아무것도 담지 않는 투명한 시선 속에서, 그러니까 생각을 잠시 멈출 때, 이전에는 보이지 않던 것들이 갑자기 눈앞에 드러나며 새로워질 때, 우리는 스스로 닫아걸었던 문을 열고 한 발짝 더 나아가 볼 수 있다. 익숙한 것들이 생경함으로 다가올 때, 한 번도 의심하지 않았던 내 모든 생각이 너무나 낯설게 느껴질 때. '왜 이전에는 이 사실을 알지 못했는지, 왜 놓치고 살았는지.' 만약 그런 번뜩임을 한 번이라도 경험했다면, 당신은 이미 언젠가 진짜의 생각과 함께 삶으로부터 깨어난 적이 있다.

※

생각에 집착할 때면, 나는 그것을 비우기 위해 몸을 쓰고, 감각을 깨우기 위해 걷고 걷는다. 숨이 차고 다리가 풀릴 때까지. 자아에 잠식되지 않기 위해 나는 안간힘을 다해 내게서 빠져나오려 시도하곤 했다. 걷기가 주는 마음의 처방전은 늘 효과가 있었고, 기대 이상으로 시들어가는 나를 살려 놓았다. 그리하여 누군가가 내게 마음에 갇혀 우울하거나 힘들다고 호소할 때, 나는 오직 한 가지 만을 제안한다. 많이 걸을 것. 너무 걸어서 몸이 힘들고 피로하다는 생각이 들 때까지. 가쁜 호흡과 함께 한계치까지 걷다 보면 신기하게도 안정이 찾아들고, 거짓말처럼 마음의 근심은 사라진다.

진화론적으로 접근해 보면, 의외로 많은 답을 구할 수 있을지도 모르겠다. 걷기가 주는 이로움은 결국 우리에게 새겨진 원시적인 감각에서 비롯되었을지도 모른다. 인간은 생존을 위해 몸을 계속 움직여야 했다는 것인데, 걷기는 본래 과거, 생명을 위협하는 환경과 위험한 상황에서 도망치고, 쫓기 위한 행위였다. 도주, 이주, 사냥의 감각 그리고 현대에 이르러 개인의 감정과 앞일을 예측하는 능력까지. 모든 것은 사실 우리 내부에 축적된 역동적인 정보에 의한 결과이다.

이렇게 새겨진 감각에 의해, 움직이지 않고 가만히 있으면 우리의 인지능력과 정서 능력은 심각한 위협을 받는다고 한다. 결국, 움직이는 행위를 통해서 우리의 뇌는 엔도르핀과 세로토닌을 분비하며, 그 물질들이 마음의 평온을 되찾도록 돕는다는 것이다. 그리고 그것은 기억을 증진하며, 여러 지적 기능을 강화한다고 한다. 위협에서 도망치도록 신호를 보내면, 뼈에서 혈류로 오스테오칼신이 분비되어, 그것이 혈액을 통해 순환하면서 신체의 상황을 인지하기 적합하게 활성화된다고 한다. 동시에 신경전달물질의 분비를 조절하고, 인지 기능을 강화하며, 코르티솔을 감소시켜 스트레스 저항성을 키운다고 한다.

과거 우리 조상들은 먹거리를 찾기 위해 먼 길을 이동해야 했다. 시간이 흐르면서 기후가 바뀌고, 숲이 사바나로 변하자, 이전처럼 먹이를 찾기가 어려워졌다. 수렵과 채집 생활을 하기까지 수만 년의 시간이 걸렸으며, 그날로부터 지금까지 먼 조상들은 이동하며 생존해 왔다. 그러다 어느덧 긴 방랑을 끝내고, 한 지역에 정착하여 영역을 지키는 방식으로 점차 진화해 왔다. 시대의 변화에 따라 인간은 농경, 산업사회, 디지털 세상을 거치며 이동을 서서히 멈추게 되었고, 오늘날 현재의 면모를 갖춘 인류는 더는 움직임이 아닌, 두뇌를 생존의 수단으로 삼게 되었다. 그러나 인간의 역사에서 우리가 뇌를 본격적으로 가동했던 시기는 너무나도 짧다. 그리하여 깊은 생각은 여전히 우리의 저장된 유전으로부터 작동하며, 생존 기제를 반역시켜 스트레스 호르몬을 분비한다. 이런 이유로 나는 마음이 답답하거나 근심이 들 때면, 채비하고 무작정 걷기 시작한다.

우리 몸에 새겨진 먼 조상의 기억을 따라, 점차 사라져가는 풀벌레 소리를 들으며, 서서히 닫혀가는 청력을 되살리며, 걷다 보면 자연스레 마음에 안정을 되찾게 되는 것이다. 우리는 의지와 관계없이 오늘날까지 여전히 이런 유전자를 가지고 있다. 움직임은 우리가 생각하고 느끼는 근원적 동력이기에, 나는 시기적절하게 몸을 쓴다. 내 기민한 원시적 통찰과 창의성은 늘 산책길에서 비롯된다.

그렇게 모든 질문의 답을 산책길에서 얻고, 고민과 근심을 길가에서 푼다. 막연한 계획은 산책하면서 재정비하고, 복잡한 생각을 이곳에서 비운다. 대부분 걷다가 문장을 떠올리고, 쓴다. 모든 해답은 이 길 위에 있으며, 나는 나의 어려움을 여기서 거의 해소한다.

걷기의 이로움은 다양하다. 미묘한 마음을 따라가 걷는 것은 내가 어디에서부터 시작되었는지에 대한 본위적인 질문의 답을 찾아가는 과정이다.

일상을 장악하는 여러 일에 온 신경을 쓸 때, 나는 그것으로부터 한 발짝 물러서서, 삶에서 진정 중요한 것이 무엇인지 찬찬히 자문해 본다. 실내에서 무엇을 해야 할지 고민했다면, 지금부터는 '무엇'이나 '어떻게' 보다는 '왜'라는 질문을 통해 조금 더 깊은 존재의 시원에 다가가 본다.

깊이 직시하며 질문 너머에서 질문하는 그 주체자는 누구인지 물어본다. 생각하며 걷는 건 누구인지, 과연 그 동력은 어디서 시작되었는지도 말이다. 아무도 관심 두지 않는 많은 질문을 스스로에게 끊임없이 던진다. 산책을 통해 매 순간 삶을 들여다본다.

산책은 나로부터 분리하여 멀어짐으로써 본래의 나를 바라보게 하며, 그건 다시금 나에게 근접하는 걸음이 되어주곤 한다. 그렇게 적요 속 발소리를 들으며 걷다 보면, 삶이 나를 깨운다. 바람과 태양을 느끼고, 나목을 바라보며 거시적인 통찰을 이루어내고, 그 마음의 순례로부터 우리는 지향하는 삶에 서서히 다가간다. 무언가 번뜩이는 마음이 들 때, 나는 그제야 비로소 하나의 빛을 지닌 채 환한 얼굴로 귀가하게 되는 것이다.

삶을 산다는 건, 이를테면 마치 그림을 완성하는 일과 같고,

산책하는 것은 그 그림을 화가의 시선으로 바라보는 행위와 같다. 그래서 나는 언제부터인가 마치 그림을 그리듯 다가가고, 또 물러서며 걷는 것 같다. 그림 속으로 들어가 안개 속을 헤매다가, 다시금 다른 옷을 갈아입고 그림 밖으로 나와, 내가 걸었던 풍경을 오래 감상한다. 창작자의 관점에서 설명하고, 청자의 시선에서 질문하며, 삶은 커다란 화폭의 그림을 저마다의 색채로 완성해 가는 과정인 것이다. 풀리지 않는 부분을 그리고 지우기를 반복하면서, 섬세하게 묘사하되, 전체에 방해가 되지 않는 조화와 균형 속에서 나를 그려 나간다. 현재에 놓여있는 일부의 사건과 그에 수반된 감정에 힘을 쏟는 것은 무의미하다. 우리는 걸으며, 미래의 물줄기를 서서히 틀며, 강한 타격감보다는 눈에 띄지 않을 만큼의 편안한 흐름으로 저 멀리 계속 나아가야 한다. 그러기 위해서는 지금 내가 서 있는 곳에서 벗어나 내가 어디를 향하려는지 관망할 수 있어야 한다. 나를 넘어서 현재의 시간, 그 바깥에서 한 존재의 몸부림을 객관적으로 바라볼 수 있어야 한다.

그러기 위해서는 이 총체적인 그림의 뒤에서 눈을 지그시 감고, 이 그림을 감상할 수 있어야 한다. 삶의 채도와 명도, 색감과 농도를 균일하게 조율하면서 전체적으로 채색해 나가야 한다. 현재와 미래, 그리고 서서히 내일의 시공간으로, 밤과 새벽으로, 밝혀지지 않는 고독과 슬픔으로, 다시 떠오를 빛으로,

나는 거기에 놓여있는 질문을 해결하며 계속 걸어간다. 발걸음이 지나간 자리마다 새로운 색을 더해가며, 그 속에서 또 다른 나를 발견하며 방향을 정비한다. 인생이라는 그림의 끝을 알 수 없듯이, 걸음도 계속 이어진다.

그렇게 걷는 행위는 내게 나 자신을, 그리고 이 삶을 망각하지 않기 위한 전위에 가깝다.

보이지 않는 것이 보일 때까지, 꽃이 피고 지며, 무성한 잎새가 갈변하여 낙하할 때까지, 새싹의 자리에 다시금 흰 눈이 쌓이고, 마른 흙이 단단히 얼어붙는 동안에도, 마음이 슬프거나 기쁠 때도, 일보 일보의 시간이 지구를 여러 바퀴 돌고, 끝끝내 수십 번의 계절을 지나 비로소 긴 여정을 마칠 때까지, 자연의 일부로 돌아갈 차례가 온다고 해도 나는 나를 멈출 길이 없다. 먼 훗날, 생의 끝자락에서 문득, 마지막 시선과 함께 삶의 비밀을 알게 되고, 아, 라고 길고 긴 탄식이 나올 때까지, 최후가 이르러서야 최초의 소리를 얻게 되더라도 말이다.

존재의 기원을 따라

산책하며 떠올린다. 아마도 처음에는 머리를 식히고 싶은 마음에서 시작되었을 것이다. 답답한 마음에서, 마치지 못한 작업이나 오늘 있었던 몇 가지의 사건을 생각한다. 누군가와의 대화를 떠올리거나 남은 일과를 생각할 때도 있다. 은은한 나무의 향기를 따라 느리게 걷다가, 걸음마다 조금씩 차이가 나는 온도와 습도 그리고 계절감을 느끼기도 하고, 새들이나 짐승들의 이동 경로를 추적하기도 한다. 내 발걸음 소리를 들으며 걷다가 문득, 이 길의 끝은 어떤 계절일까, 어디에 도착할까, 이 길이 맞는 것일까. 묻다 보면 정신적인 목적지가 떠오른다. 동시에 어쩌다 이곳에 오게 되었는지, 어쩌다 이 길을 걷게 되었는지, 어쩌다 걸을 수밖에 없는 삶을 시작하게 되었는지 묻다 보면 과거도, 슬픔도, 고향도 떠오른다. 생각의 이전에, 그럴 수밖에 없었던 감정의 이전에, 그 감정을 불러일으켰던 사건 이전으로 거슬러 올라가 본다.

길 위에서 나는 종종 엉뚱한 질문을 던지곤 한다.

꽃이 어떻게 꽃으로 피어났는지, 향기는 어떻게 시작되었는지, 그리고 왜 최초의 꽃은 흰색이었는지. 또한, 식물과 인간은 어떻게 구분되었고, 나는 왜 나로 존재하는지. 질문을 서서히 관통하면서, 가장 안쪽으로 다가간다. 숲으로 향하는 첫 마음 말이다.

걸음을 옮기며, 처음 내디뎠던 발걸음을 되살린다. 오른발과 왼발의 촉감을 천천히 느끼며 나의 시초를 거슬러 올라간다. 동시에 이 순간 내가 이 땅에 남기고 있는 흔적을 떠올린다. 발자국과 함께 찍힌 모든 이의 생의 무게를 가늠한다. 이 땅의 모든 걸음이 쌓아온 전체의 시간을 바라본다. 내가 발자국을 찍고 사라진 뒤에도, 끊임없이 지속될 세계를 상상한다. 나는 어느덧 나 이전의 숲과 나 이후의 숲을 걷는다.

시작과 끝은 맞닿아 결국 무한으로 향한다. 나는 생성과 동시에 멸종하고, 이 순간에도 집결과 동시에 흩어진다. 존재와 부재 사이, 떠나간 모든 것들과 다가올 것들 사이에, 반복되는 계절 사이에, 지나간 시간과 도래할 시대 사이에, 대지와 허공 사이에, 식물과 동물 사이에, 나는 지금 잠시 인간으로 존재할 뿐이다. 시간의 흐름 속에서 인간은 그 무엇으로 계속 변모할 것이다. 무한한 미래와 아득한 과거, 기억과 상상 사이, 삶과 죽음 사이, 우리는 이렇게 잠시 분포되어 있을 뿐이다.

한때 나는 연기이고 재였다. 물이었고, 바람이었다. 흙이었고, 안개였다.

나를 구성했던 모든 것의 근원으로 되돌아가며, 바라보는 사건과 현상들로부터 점차 거리를 둔 채, 서서히 뒤로 물러난다. 삶 전체가 드러날 때까지, 시간과 공간의 한계에서 벗어나 저 먼 행성에서 지구를 바라보듯, 시선의 폭을 넓혀서, 인간의 삶을 멀리서 관조한다. 현자의 시선 너머 신의 시선을 알게 될 때까지. 과거, 현재, 미래가 도무지 의미 없어질 때까지. 내가 살았던 것에서부터 살지 않은 것까지.

무엇이 발생하기 이전의 침묵으로, 아무것도 아니었던 무(無)의 세계로. 아무것도 떠오르지 않을 때까지 걷는다. 걷는 행위만 남을 때까지. 어느덧 나는 사라지고, 숨만 남을 때까지. 나는 걸음을 통해 실존에서부터 부재까지 넘나든다.

그 모든 걸음은 진실을 향해 나아가고, 나는 비로소 참 존재를 마주하게 된다. 존재는 확고한 의미 속에 머물지 않고, 이 순간에도 계속해서 부딪히며, 결합하고, 해체되고, 운동한다. 고정된 실체는 없으며, 오직 운동하는 그 상태만을 실재라고 이해하는 게 옳을지도 모른다.

이것이야말로 인간이 자주 망각하는 유일한 진리이다. 끊임없이 역동하고, 변화하는, 그 운동만이 존재라고 불릴 수 있을 것이다. 그 사실을 온전히 받아들일 때, 나는 비로소 육신의 속박에서 벗어나 자유를 얻고, 의식의 지도 아래 세상을 관조할 수 있게 된다. 나는 찬찬히 걸으며 그 사실을 계속해서 각인한다. 그렇게 걷다 보면, 사소한 고민과 고통은 더 이상 나와 대립하지 않으며, 세상의 희미한 먹구름은 스쳐 지나가는 듯 사라진다.

※

그리하여 나는 숲을 걸었다. 걸음이 더 이상 나를 드러내지 않도록, 마침내 걸음과 내가 분리될 때까지, 그것과 무관해 보일 때까지 숲을 걸었다. 숲을 걸어야 했던 목적 이전에, 누군가 숲이라 부르기 이전의 숲을, 그러니까 이것이 숲일까, 그런 생각 이전의 숲을.

그곳엔 바람과 나뭇잎의 흔들림이 있었고, 더 깊숙이 들어서자 바람은 아직 이르지 않았으며, 그리하여 어떤 소리도 발생하기 이전의 숲을 걸었다. 그 모든 것이 시작되기 전의, 숲속을 걸으며, 나는 비로소 근원에 다가가고 있다고 느꼈다.

이것은 숲의 언어이자, 숲의 위로이다.
이 언어의 본질은 언어의 심장,
그러니까 침묵에 있으며,
그 속에서의 소통은 오로지 호흡을 통해 이루어진다.

산책과 호흡

산책은 내게 확고함으로 무장한 신념과 함께 나를 퇴장하게 하고, 유일한 순수성, 헐벗은 영혼으로 남게 한다. 나는 나를 벗어 던진 채, 더 이상 내가 알지 못하는 시간 속으로 이동한다. 산책은 그렇게 자아를 부단히 삭제하며, 종국에는 단 하나의 진실로 인도한다. 지금 여기 오롯이 서 있게 하는 힘이 어디에서 시작되는지 찾아가게 한다. 나는 산책을 통해 호흡을 관찰하며 의식을 깨운다. 호흡은 영혼을 계속해서 불러들인다.

오랜 기간, 인도의 명상에 영향을 받은 나는 삼매(Samadhi)와 유사한, 나만의 독창적인 호흡법을 통해 또 다른 차원의 세계에 도달하는 신비한 명상을 터득하게 되었다. 그곳은 아무것도 없는 0의 세계다. 그러니까 감정도 감각도, 죽음도 탄생도 없는, 고통도 행복도 없는 세계, 숨 속에 완전히 녹아들어 나조차 없는 세계. 그곳에는 단지 호흡과 기민한 의식 그리고 실존의 감각만이 남아있다.

처음에는 가만히 콧등에 모든 의식을 모은 뒤 천천히 숨을 들이쉬어 보는 것으로 시작한다. 숨이 코끝에서 맥동하고 윤활되도록 놓아주며, 숨이 거기서 나가고 지는 것을 알아차림 한다. 나는 오랫동안 이 호흡 명상을 매일 반복해 왔다. 생각을 멈추고 그것에 집중할 때, 존재의 불안은 서서히 잠식되고, 맑은 눈이 켜지며, 나는 육신이라는 한계를 넘어 의식 그 자체, 살아 있음이라는 현상만으로 남겨진다. 그때, 온갖 것이 내부로 쏟아져 들어오는 것이다. 바람과 기운, 빛과 에너지, 운동과 흐름, 입자와 진동. 그 순간만큼은 나는 인간이 아니며, 그 무엇도 아닌 전체가 된다.

호흡은 늘 그렇게 아무것도 없는 순간의 영원 속으로 나를 인도했다. 그리하여 언제부터인가 나는 호흡을 살아있음의 가장 근원적인 힘으로 여기기 시작했다. 호흡은 *프라나(생명)에 깊이 관여하여, 우주의 근본적인 에너지를 개인의 생명력과 연결하게 한다. 그것은 단순한 대사 작용과 생리적 반응을 넘어서, 생명 현상의 근원으로서 영적 목적에 이르게 한다. 이 과정을 통해 인간은 정신적, 육체적으로도 해방된다. 그 강렬한 신호는 내게 삶에 있어 어떤 것도 고집하거나, 스스로를 가둘 이유가 없다는 깨달음을 주었다. 그러니까 삶이라는 거대한 올가미로부터, 완전한 자유의 존재자로서, 설사 자유를 온전히 만끽할 수 없을지라도, 한 번쯤 영원의 순간에 몰입했던 감각으로서, 그것을 계속 잊지 않기 위해, 나는 호흡이라는 의식 행위를 반복적으로 시도한다. 신의 열쇠와도 같은, 그 속에 분명 무엇이 있었다.

※

산책과 호흡은 나를 더더욱 확장시키며 하나의 거대한 흐름 위에 놓는다. 호흡이 나를 내면으로 이끌며 열어주었다면, 이제 산책은 나를 바깥으로 연결해 준다. 호흡을 통해 나를 들여다보았다면, 걷는다는 행위를 통해 나는 나와 세상의 경계를 지워나간다. 들숨과 날숨이 내 안의 공간을 넓히면, 발걸음은 나를 무한한 바깥으로 확장시킨다. 그 둘은 내면과 외부 세계를 잇는 다리 역할을 하면서 서로 유기적이다. 그렇게 나는 숨을 쉬듯 걸으며, 나의 존재가 이 세계 속에서 어떻게 스며들고 흩어지는지를 관찰한다.

---

* 삶의 상당 부분 나는 (종교는 없지만) 불교의 수행과 도교, 인도의 성인들, 물리학, 심리학, 뇌과학에 영감을 받았다. 특히 과거의 나는 바가바드기타에서 언급된 명상과 자아 초월, 그리고 프라나(생명력)의 개념에 큰 관심을 가졌다. 바가바드기타는 인간과 우주의 신성한 연결을 탐구하는 고대 철학으로, 영적 깨달음과 삶의 본질에 대한 통찰을 제공해 준다. 그러나 현재의 나는 어떤 절대적인 믿음보다는 다양한 학문을 수용하고 통합하여, 현실에 적용되는 나만의 창작법을 구축하고 있다. 요즘은 과거와 달리, 산책과 글쓰기라는 명상을 통해 나를 발견하고, 세상을 배워나간다.

현재의 나는 산책을 통해 나를 발견해 나가고, 매일 그 무엇을 향해 걷는 것 같다. 숲의 초입에서, 나는 하나의 예를 다하는 사람처럼, 인간을 탈각하고 다른 세계로 들어간다. 정신을 허물며, 온갖 힘의 원전인 생명을 통과한다. 피어나며 동화된다. 나는 허공 사이를 부유하며 숲의 초대에 참여한다. 생각이 서서히 사라지고, 걷는다는 행위 자체만이 남을 때까지, 자연이 그 모습을 바꿔 신적인 존재를 드러낼 때까지 말이다.

솟아오르는 것과 떨어지는 것, 고요한 것과 지저귀는 것 속에도 무언가가 있었다.
'신은 모든 생명의 숨과 숨 사이에 있다.'는 카비르의 말처럼, 신은 안과 밖 모든 곳에 존재한다.

이 신성한 장소는 나를 보호하며, 신은 오래 감춰진 질문의 답을 가슴과 피부로 들려주기 시작한다. 가만히 살결을 어르는 온기로써 화답한다. 직관적이고 초월적인 세계가 실은 나 자신과 멀리 있지 않음을 알 때, 비로소 나는 나를 구속했던 삶의 고통과 집착에서 벗어난다. 누군가 귓가에 숨을 불어넣듯, 내게 진리를 속삭이기 시작하는 것이다.

무언가를 만나기 위해 나는 삶이라는 긴 여정을 이렇게 홀로 수행하며 걸어왔는지도 모르겠다.

그것은 내게 삶의 유일한 목적이자, 가야 할 단 하나의 길이 되었다. 카비르의 말이 떠오른다. '살아 있는 동안 삶의 속박에서 벗어날 수 없다면, 죽음 앞에 선 그대에게 어찌 희망의 구원이 보이겠는가. 그대가 지금 신을 원한다면, 그는 그대 앞에 모습을 드러내리라.'

나는 매일 숲이라는 성전으로 향한다. 기도하는 마음으로. 하나의 귀로 들어가 여러 개의 귀로 걷고, 하나의 몸으로 들어가 너무 많은 몸으로 나온다.

나는 이 세계의 고립과 외로움에 사무칠 때, 도무지 앞으로 살아가기 힘든 불안과 두려움에 봉착할 때, 감정에 침몰되기 전에, 구원하듯 몇몇 이름들을 떠올렸다. 그리고 그들의 족적을 따라 위태롭지만, 조심히 걷곤 했다. 그중에서 젊은 날 내게 영향을 많이 줬던 성인이 있다. 어쩌면 진정한 친구는 죽음을 넘나드는 영혼 아닐까. 산 자가 사람을 죽이기도 하지만, 실은 죽은 자가 사람을 살리기도 한다. 그것은 내게 관계의 정의를 모두 뒤바꿔 놓았다. 물질적인 한계를 넘어선 영험적 정신. 나는 그 질기고 긴 줄을 붙잡으며 믿고 따라감으로써, 이제 더는 암흑을 두려워하지 않게 되었는지도 모른다. 내 가장 오랜 벗인 카비르에 대해 말하고 싶다. 그는 내가 젊은 날 진창에 빠져 있을 때, 손을 내밀어 준 성인이다.

카비르(Kabir)는 15세기 인도의 신비주의 시인이자 성자로, 그의 작품은 힌두교와 이슬람교 사이의 영적 단일성과 내적 경험의 중요성을 강조한다. 카비르는 외부 세계에서 신을 찾는 대신, 내면 깊은 곳에서 신을 찾아야 한다고 거듭 말했다. 그는 신이 사원이나 모스크, 성전이나 기도에 있는 것이 아닌, 인간의 마음속에 있다고 강조했다.

산이 부른다

〈한때 내게 삶이었던〉 중에서

나는 섬진강변을 따라 벚나무와 매화나무가 가득한 하동 그리고 광양을 자주 찾아가곤 했는데, 크고 작은 산과 산이 중첩되며 산맥을 이루는 아름다운 지형에 자주 매료되어 시간이 날 때마다 대자연의 품으로, 물가로, 숲으로, 혹은 종종 이름 없는 산을 오르곤 했다.

나는 이상하게도 길 없는 야산을 오르는 일이 낯설지 않았다. 시골에서 자란 것도 아니고, 이런 삶을 살아온 것은 더더욱 아니다. 생각해 보면 사춘기 시절로 돌아갈 수밖에 없는데, 아마 인적 드문 곳이라면 어디든 찾아다니며 정신적 휴식을 취하던 어린 나이의 내가, 어른이 되는 동안 몸에 각인된 습, 그러니까 버릇 같은 것이라 생각했다. 어린 시절 나는 늘 세상이 무서웠다. 마음을 의지할 가족은 없었으며 안아줄 부모도 없었다. 안식처가 될 만한 집도 없었고, 편하게 잠을 잘 공간도 없었다. 나는 죄가 없는데도 무엇엔가 늘 쫓기는 기분이 들었다. 그리하여 괴물 같던 보호자를 피해 늘 인적 드문 곳, 발길이 끊긴 곳들만 찾아다녔다.

키만 한 갈대가 어지럽게 자라 있는 숲은 숨기에 좋았다. 아파트에서 가능한 한 가장 먼 곳이라면 들판이거나 야산도 좋았다. 아무도 나를 찾지 못하는 곳에 있을 때, 마음의 안정을 되찾았다. 그 시절 무서움 따위는 내게 통증 밖의 일이었는지도 모른다. 나는 그 무엇을 능가할 정도로 생의 고통과 의문이 극심했다.

아무도 방문하지 않는 이곳이 나의 둥지이자 나의 무덤이었다. 저 아래 세상으로 되돌아가고 싶지 않았다. 이쯤에서 살고 싶다는 마음과 이쯤 죽어도 좋겠다는 양가감정이 공평하게 등을 맞대고 있었다. 나는 나의 보호색과 함께 인간의 동선이 닿지 않는 완전한 무관심의 세계, 이곳 황량한 수풀이 반기는 장소를 혼자 돌아다니곤 했다. 얼어가는 손과 발을 비벼가면서, 터질 것처럼 아린 뺨을 만져가면서, 내가 내 몸을 비비며 녹여주던 긴긴 겨울을 오래 통과하곤 했다.

도심을 비추던 해가 붉은 옷깃을 끌며 사위어가고 있었다. 나는 내게서 더 멀리 떠나가는 것들을 이렇게 혼자서 바라보곤 했다. 나의 내력이 투시된 것들, 가령 노을, 달빛, 아무도 모르는 강가, 서로의 거죽을 비비는 억새, 그런 것만이 내게 생의 의지를 가져다줬다.

하늘 위로 무리를 이탈한 늙은 쇠오리 한 마리가 지나가고 있었다. 목청껏 마지막 울음을 터뜨리며 남은 생의 시간 속으로 몸을 던지고 있는 장면이었다. 나는 몸을 잃은 영혼처럼 언덕에 있었다. 그렇게 앉아 있다 보면 밤이 찾아들었다. 별들은 겨울 추위 속에 얼어붙어 더 견고하게 빛이 났다. 산 짐승 한 마리도 보이지 않는 너무나도 추운 겨울밤이었다. 부르는 이 하나 없고, 찾는 사람 한 명 없기에 사방은 고요했다. 이곳에서는 복잡한 저 아래 세상을 생각하지 않아서 좋았다. 손이 시려 손끝을 모아 입김을 연거푸 뱉다 보면 허기가 들었다. 아무도 이 허기를 해결해 주지 않았다. 그것은 삶이라는 접시 위에 도통 주어지지 않는, 내 몫의 식량들이었다.

주머니 속에는 어른들이 몇 번 빨다가 길가에 버린 담배꽁초가 있었다. 가방 속에는 라이터 한 개랑 8절 스케치북과 4b 연필, 그리고 연필을 깎는 칼이 들어 있었다. 나는 가방 안에 굴러다니는 그것들을 꺼내어 번갈아 가며 집어 들었다. 라이터를 엄지손가락으로 돌리면 불이 붙었다. 그러다 이내 연필을 깎는 커터 칼을 만지작거리다 내려놓기를 반복했다. 이 작은 가방 속에 세상 하나쯤은 완전히 없앨 만한 모든 것을 다 가지고 있다는 생각만이 나를 든든하게 했다.
그리고 어른들을 흉내 내며 필터가 타들어 갈 때까지 담배를 피웠다. 창백한 건초더미 위로 침을 뱉고, 운동화로 꽁초를 비벼 껐다. 그것은 어리고 작은 내가 할 수 있는 최고의 용기였다.

이 순간 더 큰 일도 저지를 수 있다는 사실이 유일한 환희였지만, 곧이어 아무것도 할 수 없다는 사실에 이내 상심했다. 점차 붉게 얼어가고 있는 작은 손이 마지막 나뭇가지에 매달린 마지막 낙엽처럼 얇게 떨렸다. 내면의 괴물을 꺼내어 보고자 용기를 내었으나 나는 나를 능가할 수 없음을 잘 알고 있었다. 나는 저 세상에 대항하지도 못한 채, 이토록 멀리 도망쳐와 고작 산의 둥지 속에 혼자 웅크리고 앉아 있는 것이다. 그 현실이 슬픔을 더 어둡게 했다.

밤의 어둠이 산을 점령하자 나의 영혼은 오래 굶주린 짐승의 동공처럼 의식이 명료해지면서 점차 본능만으로 가득한 공허와 독기로 변해갔다. 스케치북을 빼 무엇이라도 해야겠다고 생각했다. 눈앞에 바라보이는 마른 풀들을 보며 찍찍 긋다가 북받치듯 연필을 잡고 무언가 그리고자 했다. 그것이 어떤 형태를 지녔는지는 중요하지 않았다. 그림을 그렸다기보다는 허기진 백지를 가득 채우는 일종의 몸부림에 가까웠다. 밤이 깊어 여백이 보이지 않을 때까지 꾹꾹 그어나갔다. 모든 페이지가 찢겨 검은 피가 쏟아져 나오는 것 같았다. 묘한 쾌감과 함께 펜을 이상하게 잡고 있다는 것을 알았을 때, 나는 행위를 멈췄다.
칼을 들듯 연필을 쥐고, 두 손의 아귀로 검은 그림을 채워 나갔던 것이다.

그것은 나를 향한 자해이며 세상을 향한 침묵의 복수와 같은 것이었다. 경멸하는 어른들을 향한 내가 할 수 있는 가장 강한 반항 같은 것이었다. 종이는 살점이 뜯기듯 덕지덕지 찢어졌다. 나는 연필이 부러지도록 격앙되어 선을 그었던 것이다. 그러나 나는 안다. 그것은 살아라 살아라, 라고 내 마음이 세상에 대항하는 간절한 외침이라는 것을 말이다. 아니, 그건 커다란 세상 속에서 고작 이런 행위밖에 할 수없는 여린 아이의 몸속 깊은 울음이었다. 스케치북의 마지막 페이지까지 검은 여백이 완성되자 실눈 사이로 차가운 것이 맺혔다. 나는 꾹 다문 얼굴을 한 채 흐느끼기 시작했다. '왜 나는 모두가 싫어하는 아이일까, 나를 싫어하는 사람들은 내가 없어진다면 행복해하겠지, 그들이 말한 불행의 원흉이 사라진다면 모두가 기쁠 것 같다.'

그들이 원하는 것을 해줌으로써 나 역시 해방되고 싶었다. 더러워진 손등으로 눈물을 닦으며 다짐했다. 내일부터는 눈을 뜨지 않을 것이라고 말이다. 꽁꽁 언 채로 작은 별이 되고 싶었고, 더는 깨어나지 않기를 간절히 바랐다. 아무도 나를 영원히 찾지 않기를 바라며, 추위에 퉁퉁 부은 두 손을 가지런히 가슴에 올리고 그대로 잠들었다.

얼마나 시간이 지났을까. 누군가 뺨을 세게 때리자, 살갗의 통증이 점차 느껴졌다. 온몸이 깨진 유리병처럼 점차 아리기 시작했다. 나는 의식을 잃었다가 눈을 서서히 떴다. 눈이 이불처럼 덮인 산은 서서히 흰 몸을 드러냈다.
거기엔 아무도 없었다. 아무도. '누가 나를 깨운 것일까, 바람일까, 달빛이었을까.'
나는 마른 고엽 더미에 기대어 있었다. 내가 언제부터 여기 있었던 건지, 얼마나 오래 깊은 야산에 누워 있었던 것인지 도무지 알 수 없었다. 검푸른 가문비나무들만이 어깨동무하며 여전히 나를 둘러싸고 있었다. 흔들리는 검은 나무 기둥이 신령처럼 높고 거대했다.

운명은 그날 나를 여전히 발끝에 호각 하여 계속 살아가도록 지시했고, 나는 마치 깨질듯한 차가운 몸으로 위태롭게 구르며 산에서 내려왔다. 그날 그린 검은 추상화는 아무도 모를 것이다. 그림을 들키면 분명 내가 아는 어른들로부터 크게 혼이 날 것이다. 나는 검은 페이지를 한 장 한 장 뜯어 흙 속에 그것을 파묻고 내려왔다.

나는 그날을 여전히 기억한다. 꽁꽁 언 발로 절뚝절뚝 걸으며 내 이름을 무수히 불렀던 그날을. 억새를 헤치고, 산비탈을 구르면서도 오로지 이름 석 자만을 똑바로 발음해 보려 했던 마음을. 주술처럼 나는 나를 하염없이 부르고 불렀다. 그것은 실은 살려달라는 세상을 향한 기도였다는 것을.

그날부터였나, 내가 산으로, 들판으로 들짐승처럼 다니게 된 시점이. 그때부터였나, 산이 나를 부르는 이유가. 언제든 죽을 것 같으면 다시 올랐다가 진정이 되면 세상 속으로 들키지 않는 표정을 하고 살기 위해 다시금 내려오기를 반복했던 연유가 말이다.

아무도 없는 곳만을 찾아다니며 험난한 시기를 보내던 아이가 가끔은 어딘가 내 안에 헤매고 있는 것 같을 때면, 나는 산이 부르는 소리가 들린다.

단지 살고 싶었다. 내게 가장 중요한 것은 살아있음에도 살고 싶은 간절함이었다. 살아있음의 모든 안간힘, 그것의 현실감. 나는 사회의 한가운데 깊이 속해 있으면서도 이 주변으로 형성된 환경으로부터 작별하여 아무것도 없으므로 온전히 남아 있는, 한 존재감만을 느끼며 살고 싶었다.

〈리타의 일기〉 중에서

살게 하는 것

내겐 이러한 아픈 기억이 있다. 당시를 떠올려 보면, 삶은 내게 거대한 감옥이었고, 어둠은 너무나도 깊었다. 도처에는 위협하는 것들이 늘 도사리고 있었다. 아무도 구원의 손길을 건네지 않았고, 망가진 나를 보면서도 모두 스쳐 지나갔다. 삶의 무게가 힘겨워, 이대로 생을 마감하고 싶다는 생각이 솟구쳐, 세상을 피해 야반도주하는 노루처럼, 이름 모를 야산을 올랐던 적이 있다. 거기서 나는 아무도 모르게 생과 사의 결정을 앞두고 있었다.

어둠 속에 주저앉아 있던 밤의 산, 검게 언 공기 속에서 거칠게 내쉬는 짐승의 하얀 숨소리, 독백처럼 밀려 나가는 입김. 그것은 내가 아직 살아있음을 끊임없이 증명하고 있었다. 깊어지는 새벽의 암흑 속에서, 나는 보이지 않는 물질로서 격정을 다하고 있었다. 그 순간 나는 오로지 침묵을 대신하는 하나의 가쁜 호흡으로서 존재하고 있었다. 그것은 서서히 격분을 가라앉히며 선명해지더니, 숨에 매달려 있는 이 삶을 드높은 병풍처럼 펼쳐 보였다.

절박함 속에서 내게도 분명히 어떤 의지가 있다는 것을 계속해서 상기시키고 다독이며, 숨은 나를 한 번 더 살아가게 했다. 지금은 그 시간으로부터 멀리 왔지만, 무사히 살아가면서도 종종 답답하고 정신이 희미해질 때면, 자주 멈춰서서 뒤를 돌아본다. 그날의 거친 숨소리와 발걸음을 기억하며, 짐승처럼 산을 오르게 되는 것이다.

깊은 호흡은 내 안의 야생을 깨우고, 생존의 감각을 되살려준다. 아무 생각도 없이, 걷는 행위만이 남을 때까지, 급기야 숨이 나를 내뱉을 때까지, 마치 대화하듯 내가 내쉰 숨을 내가 들으며, 이렇게 아직 살아 있음을 실감하기 위해, 숨이 온몸을 수차례 돌아 마음을 정화하고, 마침내 눈가에 하나의 섬광으로 번뜩일 때까지, 이 안간힘을 각성하기 위해, 내쉬는 숨소리를 반려로 삼으며. 그 기억으로부터 지금까지 다행히 이 삶은 꺼지지 않았고, 더더욱 끈질기게 나를 추적하며 좇는다. 하나의 순간 속에 뛰어들었던 그 감각. 목숨으로 부딪혔던 삶의 감각. 산을 오르며 불렀던 무수한 내 이름과 생존의 외침. 살아내려는 안간힘. 나는 짐승처럼 내쉬던 숨소리를 상기한다. 먼 시간으로부터 여전히 그때의 나를 따라다닌다.

살게 하는 힘이 어디에서부터 시작되었는지, 단 한 번도 망각한 적 없다. 나를 살게 하는 힘이, 여전히 너무나 맹렬하다.

그렇게 호흡은 매 순간 나를 확인하게 한다. 한 끗 차이로 붙어 있는 이 삶이, 여기서 발화되었음을 내게 계속 알려주며, 살아있음이라는 실존감을 계속 드러내면서, 내게 계속 살아가라고 한다.

어쩌다 보니 걸을 수밖에 없는 생도 있을 것이다. 세상은 때때로 견뎌야 하는 무게로 가득하고, 그것은 자꾸만 명을 희미하게 한다. 그럴 때, 나는 살고자 거칠게 걸으며 호흡했다. 그러다 보면 숨은 아무것도 염려하지 말고, 다 놓아두고, 나를 살게 하는 것만을 계속하라고 지시한다.

그때부터였을까. 이렇듯 내가 늘 숨으로서 매달려 있는 생에 관심이 커진 계기가. 삶에 이토록 깊이 연결된 호흡이라니, 폐부 깊이에 닿는 뜨거운 느낌이 삶이라니, 한 사람을 살리고 한 사람을 죽이는 모든 힘이 거기에 있다니, 존재가 어디에도 연결되어 있다는 기분이 아찔해서 나는 노을빛까지도 사무치게 들이쉰다.

그리고 비로소 알게 된 것이다. 이 숨의 끝에서 해가 지고, 숨의 그 시작에 아침이 솟아난다는 사실을, 이 곁에서 슬픔 혹은 환희가 물든다는 사실을, 밀물과 썰물처럼 하나의 풍경이 들어오고 하나의 계절이 나가며 나를 지속하고 있다는 사실을,

숨 안에서 영혼이 함께 맥동하며 세상에 긴밀히 연결되어 있다는 사실을. 매 순간 그 누구보다도 깊이 느낀다. 그렇게 찬찬히 호흡하며 주위를 둘러보면, 살아 있는 건 제 안으로 숨 쉬는 것뿐이라, 그건 인간에게 잘 보이지 않지만, 이토록 간곡히 모두는 숨으로서 우주와 연결되고, 하나 되어 매달려 있다. 나는 오늘도 모든 생명의 동질감 속에서 이렇게 살아 있음에 안도한다.

살아 있는 것들은 모두 삶에 속해 저마다의 방식으로 호흡한다. 보이지 않는 연결 속에서 서로를 결속하고, 매달리며, 때로는 서로를 놓아주고, 흩어지며, 반짝이는 것들과 함께 무한히 출렁이며. 아니 어쩌면 우리는 하나의 조직이고, 하나의 심장일지도 모른다. 우리는 삶이라는 하나의 이름 아래 머물다 간다. 존재를 부러 명명하지 않아도, 그 자체로 충만한 사건으로써, 마치 세상을 향한 신과의 약속이자 맹세인 것처럼.

그러나 유감스럽게도, 그 숨이 가끔은 너무나 멀고 고독하게 느껴질 때가 있다. 같은 호흡을 나누며 함께 걷는 이가 가까이에 없음에 쓸쓸함이 몰려오곤 한다.

깊이 호흡하는 일이 혼자가 아니라 함께하는 것이길 바랄 때가 있다. 나처럼 이 길을 걸어가는 누군가가 어딘가 있을 것 같다는 예감 속에서, 길 위의 외로움을 견디기도 한다. 단순히 산책을 즐기는 것이 아니라, 그 걸음을 필연처럼 받아들이는 자가 있다면, 우리는 서로를 알아볼 수 있지 않을까. 저물어 가는 빛 속에서 같은 숨을 들이쉬며, 말없이도 같은 의미를 공유할 수 있는 존재가 있다면.

고백건대, 산책의 즐거움을 넘어, 산책이 운명인 자들이 곁에 있었으면 좋겠다고 생각한다. (미약하게나마 희망한다. 어디선가 내가 모르는 사각지대에는 나와 유사한 동시적 존재가 거기 거칠게 호흡하고 있지 않을까 하고 말이다)

단지 산책을 좋아하는 것이 아니라, 어쩌다 보니 걸을 수밖에 없는 생도 있을 것이다. 모든 길의 끝에서, 우리를 구원하는 것은 이 행위밖에 없다는 것을 알게 된 한 사람이, 우연히 걷다가, 꽃의 탄생을 목도하며 탄성을 자아내는 사람이, 축복을 발견한 사람이, 커다란 달빛을 한쪽의 눈으로 옮기고 있는 한 사람이, 아무도 모르게 별빛을 서걱서걱 밀어 넣는 사람이, 이런 행위가 인간의 가장 마지막 몸짓이어야 한다고 믿는 사람이, 그리하여 산책은 구원이고 기도라고 고백하는 한 사람이, 가슴을 자주 쓸어내리며 서 있는 사람이, 자신의 걸음을 온전히 믿게 되었다는 사람이, 분명히 있을 것이다.

삶의 마지막 문턱에서 가까스로 산책이라는 성지를 발견한 사람이, 이곳이 유일한 낙원이라는 것을 아는 사람이, 아마 어딘가 있지 않을까.

그런 사람과 각자 좋아하는 꽃을 소개하거나, 오랫동안 혼자 간직해온 달빛을 서로 맞춰보고 싶다. 풀벌레 소리와 밤하늘의 유성우에 대해 말하고 싶다. 서로의 호흡과 호흡, 혼자 품어온 우주를 꺼내어서 나누고 싶다. 그리고 바라보고 싶다. 서로의 어두움이 아름다움과 어떻게 뒤섞이는지, 뒤섞일 때의 오묘한 환함을 함께 맛보고 싶다.

그것이 어떤 빛을 내는지, 서서히 변하며 마음이 어떻게 예열되는지, 이 모든 걸 함께 마주하며 서로의 눈빛을 어떻게 바꾸어 나갔는지, 어떻게 우리가 서로를 엮으며 나아가는지.

나는 좋아하는 풍경 앞에 서서 두 눈을 질끈 감고, 숨을 내쉰다. 깊은 염원처럼, 저편의 닿지 않는 세계에까지 말이다. 그런 방식으로 무한에 기대어 살아간다.

여기, 아직, 나는 살아있고, 숨 쉬고 있다.

모든 빛나는 것들은 저렇게 망망대해와 험준한 고개를 넘어온다.
모든 빛나는 것들을 보기 위해 나 역시 막막 심산과 고난을 넘어왔다.

서로가 서로를 알아보는 마음이 모두 잠든 밤하늘 위로 아롱대며 빛이 났다. 발끝만 보며 걸어왔던 지난날을 일으켜 세우고 고개를 들면, 눈물이라 쓰고 싶은 것들. 어두웠기에 더 영롱한 삶의 광채들.

〈리타의 정원〉 중에서

사람 밖에서 울어 본 사람. 혼자 정처 없이 걸어본 사람. 걸으며 적어도 백 번쯤은 자신의 이름을 굳건히 불러본 사람. 그러다 도착한 세상의 끝에서 하늘을 올려다볼 때, 일생에 단 한 번 잊지 못할 달빛을 눈에 새긴 사람.

수만 번의 걸음 그 끝에, 어느 날, 한 줌의 바람이 우연히 어깨 동무할 때, 마치 계시를 받듯, 이유를 알 수 없는 전율과 감동을 느껴본 사람. 그러나 그 순간을 발설할 이 없어, 달의 눈빛에 기대어 본 사람. 나는 적어도 한 번쯤 이런 경험을 한 이라면, 영혼의 산책자가 된 것이라 생각한다.

그리고 그런 운명을 타고난 자의 침묵은 비록 문장이 되지 못할지언정, 가장 훌륭한 삶이 되었다고 믿는다. 어디선가 조용히, 비슷한 결로 공허를 채우는 사람들에게서 나는 여전히 강한 동질감과 애틋함을 느낀다.

영혼의 산책자

여름, 비

산책길을 따라, 우리는 낮은 산들바람과 늦은 오후의 공기를 즐겼다. 하지만 구름이 점차 무거워지며 거리의 색조는 깊이를 더했고, 햇빛이 빠져나가자, 풍경은 점차 가라앉았다. 그러던 중, 한두 방울씩 떨어지는 빗방울이 이마와 손등에 닿았다. 처음엔 그저 지나가는 소나기라 생각하며 대수롭지 않게 여겼지만, 이내 빗줄기는 더 굵어졌고, 어디선가 빠르게 몰아친 빗물이 온 세상을 덮치기 시작했다. 비는 그칠 기미가 보이지 않고, 주변의 채도는 더욱 짙어지고 있었다. 공원 저편에서 아이들이 손으로 이마를 가린 채 우르르 달려간다. 그들의 웃음소리가 빗속에 녹아든다. 우리도 그들처럼 비를 피해 차양 아래 벤치로 달려간다. 톡톡, 개구리처럼 뛰는 빗방울. 사방으로 몰려들며 어느덧 모두를 적시고 고인다. 빗물은 모든 살아있는 것의 뿌리를 타고 깊은 곳으로 흐른다.

밤이는 나를 오래 쳐다보며 집에 가자고 요구하더니, 이내 포기한 채 바닥에 엎드려 앉아 지루한 빗소리를 듣기 시작한다.

우산이 없으므로 우리는 이곳에 완전히 갇혔다. 그러나 묘하게도 갇히면서 동시에 해방감을 느꼈다. 호우가 우리의 산책을 멈추게 할 수 없었다. 이제 일어나 비를 맞아도 좋다고 생각했다.

※

긴 산책을 마치고 돌아오는 길이었다. 예상치 못한 기습 호우는 준비되지 않은 모든 이에게 내리꽂혔고, 사람들은 가방을 머리 위로 치켜들며 어디론가 모두 사라졌다. 비는 피하고 숨는다고 해서 그칠 것 같지는 않았다. 거리는 그새 어두워져 음습한 영화 속 한 장면처럼 무서웠고, 빗줄기가 시야를 뭉개며 검게 흘러내렸다. 아직 우리는 집까지 갈 거리가 제법 멀었고, 더 늦기 전에 서둘러 귀가해야 했지만, 우산도 없이 너무 멀리 나온 탓에 어쩔 방도가 없었다. 우리는 마치 양동이로 퍼붓듯 쏟아지는 비를 그대로 맞고 돌아갈 수밖에 없었다. 그때, 오묘한 기분과 함께 눈빛이 반짝이면서, 즉흥적으로 거대한 빗속으로 몸을 내맡겼다. 일종의 모험심 같은 것이었다. 밤이와 나는 깊은 물에 빠진 것처럼, 삽시간에 가방 속 책까지 모두 흠뻑 젖어 들었다.

그렇게 걷던 중, 밤이가 갑자기 방방 뛰기 시작하는 것이다. 물의 촉감이 온몸에 닿자, 밤이는 짐승의 본능처럼 흥분한 듯

했다. 피하고 싶은 감정 때문인지, 아니면 기분 좋은 촉감 때문인지는 알 수 없었다. 그는 단지 자신이 표현할 수 있는 유일한 방식으로 마음을 드러내고 있었다. 밤이는 발이 모두 잠긴 거리에서 큰 타원형을 그리며 빙글빙글 돌았다. 나도 갑자기 신이 나서 같이 원을 그리며 뛰기 시작했다.

쏟아지는 빗속에서 눈을 뜰 수 없어 얼굴을 손으로 계속 닦으며, 아무도 없는 빗속을 우리는 제멋대로 활보했다. 젖은 머리칼은 얼굴을 뒤덮었고, 다 젖은 옷의 촉감은 완전히 물속에 잠긴 느낌과 흡사했다. 우리는 온전히 물을 수용하면서 비가 되었다. 비가 되어 내리고, 비가 되어 뛰었고, 비가 되어 그대로 낮게 흘렀다. 뛰다가 멈추다가 거리에 그대로 첨벙이며 누워도 상관없었다. 거리에는 아무도 없고, 차들도 지나다니지 않았으며 밤이와 나만 덩그러니 놓여 있었으니까. 음습한 공포영화는 갑자기 신비한 동화로 장르가 바뀌며 이어서 상영되는 장면 속으로 온전히 몸을 맡겼다. 재생되는 이 순간은 주인공에게 모든 것을 허락했다. 그리하여 나는 신도 벗고 걸었다. 젖은 신발은 빗속에서 더 이상 의미가 없었으니까. 그리고 너무나도 오랜만에, 심장 깊은 곳으로부터 이상한 웃음이 새어 나왔다. 쏟아지는 빗속에서는 그래도 들키지 않으니까. 그때 알 수 없는 해방감이 온몸 전체에 물들었는데, 그것은 오래 제압했던 내면의 순수성, 가장 맑고 즐거운, 어린아이의 감정이었다. 우리는 본능 그대로에 이끌려 빗속에서 춤추거나 멈추고, 발장구를 치거나 놀며, 긴 거리를 걸어 귀가했다.

비를 피해 잠시 묵음을 지킨 매미들이, 다시금 사활을 걸듯 합창하기 시작한다. 여름 매미 소리가 북쪽으로 서서히 올라오며 나무를 가리지 않고 매달릴 수 있는 곳은 어디든 매달려 운다. 나무마다 매달린 매미들이, 한철 지겹도록 울부짖었던 존재의 외침이, 너무나도 시끄러운 여름을 완성해서, 가장 살아 있는 생명의 소리를 닮아서 그 소리가 반갑다.

알피니스트

눈을 뗄 수 없는 하얀 화면 속에는 설산이 끝없이 펼쳐져 있다. 흰 눈으로 덮인 봉우리들은 하늘 높이 치솟아, 그 너머를 가늠할 수 없고, 눈보라가 일며 바람은 칼날처럼 날카롭게 산을 휘몰아친다. 아무리 바라봐도 산은 그 끝을 알 수 없고, 하얀 장벽은 너무도 아찔하게 기울어져 있다. 압도적으로 흰 광경 속에서, 그 어떤 생명도 저항할 수 없는 거대한 힘이 느껴진다. 그때, 모니터의 중심에 아주 작은 점 하나가 보였다. 처음에는 그 점이 무엇인지 분간되지 않는다. 그러나 화면이 점차 확대되면서, 그 형상이 인간임을 알게 된다. 거대한 설산을, 루프도 없이, 아무런 장비 없이 맨몸으로 오르는 사람이 있다. 그 이름은 마크 앙드레 르블렉. 아득한 흰 빙산을 기어오르는 그의 모습은, 자연의 거대함 앞에 티끌처럼 작은 존재로 보이게 한다.

르블렉은 세상에 거의 알려지지 않은 청년이었다. 그는 돈도, 휴대폰도 없이, 산과 산을 이동하며 계단참의 작은 공간에서,

때로는 숲속의 텐트에서 지냈다. 우리가 살아가는 평범한 일상과 달리, 그의 생각과 행동은 유난히 이질적으로 보였다. 화면 속 그의 표정은 어린아이처럼 해맑았고, 사소한 것들에는 연연하지 않아 보인다. 허세와 잘난 척으로 점철된 사람들과는 분명 달라 보였다. 그는 등반가들조차 기피하는 험난한 산을 수시로 오르곤 했다.

그는 주체하지 못하는 거대한 영혼에 아이의 옷을 입혀 놓은 것처럼 육신의 틀 안에 도무지 맞지 않는 영혼 같아 보인다. 현실에서의 그는 어딘지 이상해 보이지만, 외부의 시선 따위는 그에게 그리 중요해 보이지 않는다. 그는 인간의 비좁은 몸으로는 감당할 수 없는 세계를 그렇게 걷고 있었다.

인간이 넘기 힘든 장벽을 오르는 이들을 '알피니스트'라 부른다. 알피니스트의 절반은 결국 산에서 생을 마감한다고 한다. 그럼에도 그들은 가장 극한의 환경 속에서 자신의 한계를 시험하며 존재를 증명해 냈다.

그의 부모는 그런 그를 말리지 않았다. 부모는 그의 운명을 존중하며, 자신이 원하는 삶을 스스로 찾아가기를 기다려주었다. 그건 결코 쉬운 결정이 아니었을 것이다. 그저 용인하고 격려해 주는 것 말고는 다른 방도가 없었을 것이다. 그는 어떤 경우라도 그렇게 해야 하는 태생의 사람인 것이다.

죽을 것 같은 평범한 삶과, 살 것 같은 죽음의 여정 사이에서, 그는 스스로 산이라는 운명을 선택했다. 그는 그렇게 23세 나이에 가장 대담한 천재 알피니스트가 되었다.

그는 산의 암벽을 만나고 나서야 비로소 자유로워 보인다. 나는 화면을 통해 산으로 완전히 몸을 던진 그를 뒤따라 관찰한다. 많은 질문이 엄습한다. 과연 인간의 한계는 어디까지인가, 과연 영혼은 무엇이며 그것이 이루고자 하는 것은 무엇인가. 그는 계속해서 내게 질문을 던진다.

그의 등반은 단순한 신체적 자유를 넘어, 철학적 자유를 향한 여정 같아 보인다. 그는 장비도 없이 암벽을 오르고, 발 디딜 틈조차 없는 수직의 절벽을 맨손으로 붙잡는다. 바람 한 줄기에도 생사가 갈릴 수 있는 위험 속에서도 그는 두려움보다 그것을 타파해 내는 집중과 몰입을 선택했다. 그를 보면 등반은 단순한 기술적 도전이 아니라, 스스로를 극한까지 밀어붙이며 존재의 이유를 묻는 의식적 행위에 가까워 보인다. 그렇게 그는 가장 혹독한 환경에서 살아남기를 반복하고 있었다. 그것만이 가장 순수한 정신의 일인 것처럼.

그는 오로지 허리에 찬 가방과 낡은 운동화만으로 설산을 올랐는데, 아무리 상식적으로 생각하려 해도, 그는 죽음이 두렵지 않은 것처럼 보인다. 저 강한 집념은 나처럼 평범하게 살아가는 사람에게는 이해하기 힘든 일이다. 그의 위험한 여정을 마음 졸여 지켜보며, 의문이 계속해서 뒤따른다. 위험을 인지하지 못하는, 단순한 치기일까, 어리석은 도전일까. 아니면 자연과 하나 되어 모든 것을 직관적으로 느끼는 어떤 강렬한 믿음일까.

과거의 젊은 시절을 생각해 보면 나도 위험을 감수하는 여행을 즐겼었다. 사람들 모두 내게 위험하다고 뜯어말렸지만, 그런 우려의 목소리가 전혀 들리지 않았다. 나는 살기 위해서 그렇게 모험해야 했다. 아마 그도 그런 마음일 것이다. 그는 산에 죽고 싶어 가는 게 아니라, 산에 살고 싶어 찾아갔을 것이다. 그는 죽음을 향해 나아간 것이 아니라, 그것을 무릅쓰고서라도 생명의 가장 순수한 형태를 찾아 나섰을 것이다.

분명 그는 산을 오르며 온몸으로 자신을 마주했을 것이다. 온몸에 회전하며 흐르는 자신의 근원적인 영혼을 그는 계속 발견했을 것이다. 오로지 산을 오를 때에만 그는 순수한 현전의 감각으로 존재할 수 있었을 것이다. 그 순간을 더 강렬히 실감하기 위해, 그는 점차 더 깊은 고독과 침묵, 호흡에 의존하면서 세상에서 점차 멀어지는 방향으로 나아갔을 것이다. 그리고 그곳에서, 그는 분명 무언가를 감각하고, 알게 되었을 것이다. 삶이 저편에 있는 것이 아니라, 오직 이 순간, 여기 매달려 있는 순간의 몰입 속에서 펼쳐진다는 사실을 말이다.

화면 속에서, 그가 오르고 있는 1,220m 고도의 빙벽 루트는 거의 수직에 가까운 절벽이었다.
무게를 최소화하기 위해, 오로지 자신만의 감각을 장비로 삼았다. 아니, 자신의 영혼을 무기로 삼아 그는 수직 절벽을 올랐다. 자연에 운명을 맡긴 채, 종이 한 장 무게의 바람으로도 생사가 갈릴 수 있는 순간에도, 그는 벽의 작은 틈을 맨손으로 붙잡고 손끝에 피가 날 때까지 중력을 거슬러 올랐다. 성공적으로 산을 오르기 위해서는 발끝의 각도와 지문의 감각까지도 세밀히 살려야 했을 것이다. 그는 오차를 허용할 수 없는 극한의 집중을 요구하며 숨을 고른다.
그렇게 그는 지구상에서 가장 험악한 곳으로 알려진 파타고니아 세로토레 산맥의 코르크스크루 루트를 단독으로 성공했다.

등정에 성공한 그가 이번에는 캐나다 로키산맥의 빙벽에 도전하는 장면이 펼쳐진다. 드높은 얼음 폭포를, 그는 얼음도끼와 아이젠만으로 올라간다. 얼음도끼로 얼음을 내리칠 때마다 작은 조각이 공중으로 튕겨 나가며 아래로 떨어진다. 그대로 얼어붙은 물의 벽을 오르기 위해서는 고도의 기술과 감각이 필요하다. 도끼 끝을 작은 바위틈에 정확히 걸어 올려야 했다. 얼음이 얼마나 견고한지, 그 강도와 각도를 어떻게 내려쳐야 할지, 발을 어디에 내디뎌야 하는지까지도, 오직 숱한 등반 경험을 통해 얻은 직관으로 계산해야 했다. 도끼가 정확히 박히는가, 아니면 감각이 틀어져 낭떠러지로 떨어지는가, 그 차이는 동전의 앞뒷면처럼 가까웠다. 그렇게 암벽의 돌들과 얼음의 굴곡까지도, 몸에 완전히 익혀진 기민한 감각을 활용하려면 바늘보다 더 정밀한 집중과 몰입이 요구되었다. 그렇게 그는 단 하나의 실수도 용납되지 않는 삶과 죽음의 경계를 타고 있었다. 마치 그것이 자신에게 전부인 것처럼, 그보다 더 중요한 것은 없는 것처럼.

타인의 생사의 기로를 나는 멀리서 바라볼 뿐이었다. 그 간극을 함께 오가며 마주하는 것은, 등반은 단순한 도전이 아니라 존재를 향한, 그 존재 자체의 의미를 질문하는 행위에 분명 더 가깝게 느껴진다.

인상적인 것은, 그는 그 엄청난 위험 속에서도 흐트러지지 않는다는 점이다. 한 뼘의 오차만으로도 죽음에 이를 수 있기에 스스로가 모든 것을 통제해야 한다. 죽음과 공포 앞에서도 그의 정신은 놀라울 만큼 태연하다. 그곳에서는 언제든 예기치 못한 기후 변화가 찾아오고, 누구도 범접할 수 없는 차원의 긴장감이 살얼음처럼 놓여 있음에도, 그는 작은 몸짓 하나에도 균형과 고요를 잃지 않았다. 그래야만 했을 것이다. 완벽에 가까울 만큼 단련된 깊은 평정심만이 그곳에서 살 수 있을 것이다. 그 행위는 오로지 의식의 몰입만으로 순간을 이어가는 깊은 명상과도 같아 보인다. 그러나 명상과 큰 차이는, 그의 등반은 실제로 죽음과 가장 근접해 있다는 것이다. 그는 오로지 지금, 이 순간의 행위만이 전부인 듯, 전신으로 그것에 몰입했다.

그 모습을, 화면을 통해 바라보는 나는 바라보는 것만으로도 아슬아슬해서, 마치 내가 설산에 오르듯 심장이 요동친다. 복합적인 감정이 마음을 휘감는다. 만약 내 주변에 그와 같은 이가 있다면 어떻게 설득해서라도 뜯어말렸을 것이다. 모든 방법을 써서라도 관철시켰을 것이다. 당장이라도 화면 속으로 들어가 회유하고 싶다는 생각이 든다. 그 의지는 높이 평가하고 이해하면서도, 그 도전이 너무나 위험한 모험처럼 느껴지기 때문이다. 그러나 누군가는 그것이 삶의 전부인 것처럼 아찔한 양극단 사이를 오가며 매달린다. 삶과 죽음 사이, 강렬한 집중 속에서, 그는 인간의 감각을 극한까지 끌어올린다. 자신의 기민한 정신에만 의지해, 목숨을 걸고 그 도전을 이어간다.

또 한 번의 험난한 빙벽을 정복한 그는 마치 가벼운 산책을 다녀온 듯 태평하게 돌아왔다.

산에 오르면 모든 것이 단순해진다고 한다. 머릿속이 복잡하지 않고, 정신이 또렷해진다고 한다. 등반할 때만큼은 모든 퍼즐이 완벽히 맞아떨어지는 듯하다고 말한다. 그의 등반이 점차 그 세계에 알려지면서, 많은 이들이 그의 행보에 관심을 기울였다. 그러나 그는 알려지는 것에는 도통 관심이 없었다. 촬영 장비를 든 이들이 그를 찾아왔다. 누군가 그에게 물으면, 그는 단지 산을 오르며 즐거운 시간을 보냈다고 말했다. 사람들이 찾아오고, 카메라가 그를 좇아도 그는 그렇게 오직 자신의 길만을 걸었다. 그는 그저 등반하느라 바빴을 뿐이다. 촬영팀이 촬영을 위해 함께 등반하자고 요청했을 때, 그는 단독 등반은 누군가 동행하면 단독이 아니며, 경험 자체가 달라진다고 말할 뿐이었다. 그가 나를 더욱 끌리게 하는 점은, 그의 관심사가 단순히 정복이 아니라, 스스로의 한계에 맞부딪치고 시행착오를 겪는 과정 자체를 중시한다는 것이다. 그는 등반할 능력만 갖춘 채로, 아무것도 없이 빈손으로 산에 가는 것이 좋다고 말한다. 그리고 잠시 뒤, 그는 또다시 어디론가 사라졌다. 휴대전화는 꺼져 있었고, 행방은 알 수 없었다. 동료들은 그가 산 어딘가에 있을 거라고 했다.

산에 혼자 오를 때 그의 원칙은 단순해 보인다. 통신장비조차 지니지 않는다는 점. 생명을 구할 장비도 없이. 정해진 루트나 훈련도 하지 않으며, 즉석에서 판단하고 오르는 것이다.

그는 말한다.

"나 자신은 컨트롤할 수 있지만, 산은 그렇지 못하다. 산의 자비에 맡겨야 한다. 산이 보내는 신호를 읽는 것이다. 등반은 마치 체스와 같다." 그렇게 그에게 최고의 등반이란 빈손으로 걸어서 산에 오르는 것이다. 오로지 믿음만으로 홀로 떠나 주변 환경과 녹아들며, 산을 깨는 바람 소리와 추락하는 빙산의 조각들, 미세한 굉음, 그날의 하늘의 기운까지도 그는 귀 기울여야 했을 것이다. 산에 들어서는 순간, 인간은 자기 행동은 통제할 수 있어도 자연은 통제할 수 없다. 등반은 그의 말처럼 산의 운명에 달려 있다. 오직 산이 보내는 신호를 읽어야 한다. 눈과 얼음의 상태, 햇빛이 드는 시간, 녹아내리는 눈과 기온, 오직 오감만으로 처한 환경과 끝없이 상호작용하며 감각해야 하는 일이었다.

아무것도 얽매이지 않은 채로 오르는 것, 신이 주는 완전한 자유를 누리는 것, 그것은 마치 자신에게 향하는 온갖 자극을 받으며 본능적으로 반응하는 영혼의 몸짓 같다. 그는 채 굳지 않은 눈을 긁으며, 그렇게 유일한 동작으로 정상에 오른다. 불가능을 가능으로 바꾸며. 그것이 그의 등반이었다.

웃으며 돌아왔다가도 다시 매번 사라지는 그를 동료들은

찾으러 나섰다. 그러나 발견되는 장소는 언제나 가장 높은 저편의 설산이었다. 이들은 저 멀리, 흰 눈 덮인 거대한 빙벽에 작은 점으로만 매달린 그를 발견하거나 바라볼 뿐이었다.

그리고 또다시, 그가 로브슨산 북서쪽의 수직 벽을 홀로 정복했다는 소식이 들려왔다. 로브슨산은 캐나다 로키산맥에서 가장 높은 산, 엘 캐피탄 절벽보다 세 배는 더 어렵다고 평가받는 빙벽이었다. 크레바스와 눈사태까지 일어나는 신의 산이라 불렸다. 로프가 있어도 불가능한 그곳을, 그는 단독으로 성공했다.

그렇게 하산한 후 그는 무언가에 홀려있는 사람처럼, 여운이 가시지도 않은 채, 다시 떠났다. 이번에는 아르헨티나 파타고니아. 아메리카 대륙에서 가장 어렵다는 곳으로. 그 끝자락은 누구도 성공하기 힘든 산이며, 가장 악명 높은 봉우리로 알려져 있었다. 그곳의 마을에 머물며 지내던 그는 결국, 매서운 겨울바람이 몰아치는 날 단독 등반을 시도한다. 인간의 한계가 극명히 드러날 수밖에 없는 최악의 기후 속에서, 매 순간 온 감각을 최대치로 끌어올려야 하는 일이었다.

산을 오르기 전, 그는 짐을 최소화했다. 테이프로 붙인 낡은 가방과 침낭만이 그와 동행한다. 마지막 식사일지도 모른다며,

태연하게 음식을 음미한 뒤, 그는 길을 나선다. 이제, 그에게 남은 건 오직 산과의 대면, 그리고 또 한 번, 끝없이 자신과 맞서야 할 냉혹한 시간뿐이었다.

그는 작은 바위나 개울물, 계곡을 건너고, 협곡과 돌무더기를 지나, 저 멀리 거칠게 솟아 있는 암벽을 향한다. 때로는 본능조차 거기 가지 말라는 신호를 보내는 곳으로. 점차 하얗게 물들어 가는 산, 죽음의 가능성만이 점차 더 높아지는 곳으로. 용납할 수 없는 위험 속에서, 아무도 대답하지 않는 적요만이 그의 유일한 대답인 것처럼, 냉정하고도 고독하게, 그는 간다. 추락할 수도, 폭설을 동반한 산사태를 맞을 수도 있다. 그럼에도 그는 간다. 산의 전경은 점차 거칠고 포악하게 변해간다.

화면 속의 그는 얼어붙은 암벽의 좁은 틈을 파며 전진한다. 가슴까지 차오른 눈 속에서 강풍을 맞고, 눈사태의 위험에도 아랑곳하지 않는다. 산은 거대한 새하얀 이빨을 드러낸 채, 그를 시험하는 듯하다. 산은 마치 시간을 삼키는 불가침의 존재처럼 보인다. 단단한 얼음 장벽과 영원히 펼쳐진 흰 눈의 적막만이 그곳을 장악한다. 한없는 추위 속에 숨죽이며, 그는 시험의 경계로 끌려든다. 산을 올려다보는 그의 표정은 경건하다. 장엄함에 압도된 듯한 얼굴. 그러나 그는 이제 신과 마주할 준비가 되어 있다는 듯, 눈빛에서 그 결기가 느껴진다.

모든 순간, 상황을 가늠하고 정신을 붙들며 계속 전진하는 과정은 결코 쉽지 않을 것이다. 그것을 오르고 있는 자도, 그것을 바라보고 있는 자도, 까마득한 절박함 앞에서는 인간은 어떤 말도 할 수 없다. 행위 자체가 전부여야 할 때, 우리는 온몸으로 묵음을 드러낸다.

그는 그 위험한 절벽에서도 자신의 감각에 따라 부츠 아이젠과 암벽 등반화를 번갈아 신으며 방벽을 오르고, 또 오른다. 얼음이 찬 좁은 도락에 낫을 끼우며, 그는 그동안 산을 오르며 축적한 세밀한 감각과 모든 경험의 기술을 대동하여 신중하게 매달리고 또 오른다. 그 눈빛, 그 마음, 올라야 한다는 그 확고한 믿음. 빙벽에 붙어 있는 존재의 필사적인 몸짓, 미세한 움직임에도 암벽의 돌이 낭떠러지로 떨어진다. 그럼에도 그는 자신만의 호흡과 감각만을 유지한다. 최대치의 위협 앞에서 인간은 두 가지 선택지밖에 없다. 정신을 붙잡고 나아가거나, 당황해서 무너져 내리거나. 그러나 이 절명의 순간, 그에게 선택지는 단 하나뿐이다.

해가 어스름히 기울자, 그는 가파른 벽 정중앙의 바위를 밟으며 눈발의 흐름을 점검한다. 날리는 눈바람의 각도와 방향만으로도 그는 많은 것을 예감해야 한다. 그러나 예측할 수도, 통제할 수도 없을 만큼 바람은 점점 거세진다.

발끝에서부터 손끝까지 감각이 둔해지고, 차가운 기운은 그의 피부를 파고들며 모든 움직임을 억제한다. 눈보라는 점점 더 세차게 몰아치고, 바람은 그를 흔들며 시야를 가로막는다. 목표를 향한 집념은 여전히 그 속에 꺼지지 않지만, 앞으로 나아가는 속도는 점점 더 느려지고, 행진에는 진전이 없는 듯 보인다. 그새 어둠이 찾아왔고, 어둠은 다시 한번 이 모든 걸 삼킨다. 산의 거대한 흰 이빨마저도, 암흑 속에 숨죽이고 있었다. 화면 속에는, 완전한 암흑 사이로, 저 멀리 깜빡이는 불빛만이 보인다. 너무나도 작고 미약해서 한눈에 잘 보이지 않지만, 분명 실금처럼 작고 희미한 빛이 거기 있었다. 그는 이제 빛의 움직임으로서 몸짓하고 있었다. 마치 신에게 보내는 모스 신호처럼 그것은 일정한 리듬을 가진 채 움직였다. 이 죽음뿐인 어둠 속에서 깜빡이는 그것은 유일한 생명의 빛이며, 살아냄의 의지였다. 대 자연에 맞서는 미약한 한 인간의 발광이고, 신에 대한 여전한 도전이었다. 저 한 장면 속에 인간의 삶이 함축되어 있는 듯했다. 인생은 저렇게 보이지 않는, 가늠할 수 없는 까마득한 미지를 향해, 그저 가보는 것일지도 모른다. 홀로. 그렇게 그는 별빛처럼 화면 한가운데에서 가만히 흔들리고 있었다.

검은 눈보라가 산의 이빨 사이로 무섭게 몰아친다. 기진한 그는 나아가기를 멈춘 채, 절벽에 매달려 잠시 잠을 청한다.

그 후, 그는 또 한 번 정상을 향해 오르지만, 하늘은 그를 돕지 않고 심술을 부리듯 더 거칠어진다. 이번에는 폭설이 내려, 더는 나아갈 수 없는 상황이 반복된다. 그는 그렇게 까마득한 깊은 밤을 홀로 통과해 목적지에 거의 다 다가갔지만, 거센 눈보라와, 더 이상 인간에게는 허용되지 않는 신의 시험 앞에서 그는 아쉽게도 내려와야 했다. 정상을 4피치만 남겨준 채. 그는 더 욕심내지 않았고, 다음을 위한 선택을 했다. 그렇게 자신의 직감을 믿고 하강했다. 내려온 후 마주한 그의 눈빛과 결기는 산을 오르기 직전과는 달라져 있었다. 분명 철없고 무모한 사람의 표정이 아니다.

강렬히 깨어난 영혼이 시들기도 전에, 그는 곧이어 두 번째 도전을 결심한다. 그는 난도를 더 높인다. 야영 장비도, 침낭이나 예비 식량도 없이. 그는 몸을 더 가볍게 만들어 빠르게 이동하기로 결심한다. 그리고 이번에는 어둠이 장악한 시간에 도전하는 것이다. 그는 다시 별들이 내리는 검은 산을 어둠 속에서 빛 하나만 의지하며 또 한 번 오르기 시작한다. 마치 하나의 별빛처럼. 신에게 다시금 의지의 신호를 보내며 자신을 나침반 삼아, 목숨을 걸고 가보는 것이다. 그렇게 험난한 어둠 속에서 그가 그리는 유일한 살아있음의, 빛의 동선이 얼마나 아름다운지, 나는 까마득한 화면에 흰점으로 박힌 그 모습에 심장이 멎는다.

그는 해가 뜰 무렵까지, 밤새 그 불빛만으로 오른다. 점차 밝아지는 여명 속에 산의 절경이 펼쳐진다. 경계 없는 산과 하늘. 끝없이 이어지는 눈부신 장면 속에서, 그는 여전히 한 점의 유일한 생명으로 매달려 있었다. 생의 가장 끝자락에 서 있듯, 숨도 고르게 쉬지 못한 채, 이제 그는 한계에 다다른다.

축적된 모든 감각을 손끝에 하나로 모은다. 눈은 세차게 그를 감싸며 삼키려 들고, 발끝에서부터 손끝까지 모두 얼어붙는다. 절박하게 그를 붙잡고 있는 것은 이제 오직 그의 의지뿐인 듯 보인다. 그리고 정상까지 거의 닿았을 때, 아침 해가 떠오른다. 상부 경사로까지 모든 힘을 다 소진하며 다가가 본다. 구름보다 더 높은 곳으로. 그리고 마침내 그는 정상에 도달한다. 그는 또 한 번 해냈다.

그토록 거센 바람과 추위, 절박하고 절실했던 순간들을 고스란히 되돌아보며, 그는 저 아래의 시작점을 바라본다. 그곳에서의 모든 것은 먼 기억처럼 희미하다. 정상에 앉아 잠시 바라본 절경은 이 지구상의 것이 아니었다. 그를 공포와 죽음으로 유인했던 산의 거대한 이빨은 이제 모두 그의 아래 펼쳐져 있었다. 삼엄한 여정 끝에 바라본 광경은 형언할 수 없는 황홀함을 그에게 선사했을 것이다. 아니, 그는 그곳에서 천국을 보았을 것이다. 아니, 그는 이미 인간을 넘어선 존재로서서 있었을 것이다. 그렇다. 그는 단순히 산을 정복한 것이 아니라, 한계를 넘어선 순간, 전혀 다른 차원의 존재가 되었다. 그는 이제 저 아래 인간들은 결코 알 수 없는, 너무나도 환한 깨달음과 함께 내려올 것이다.

나는 그 마음이 무엇일지, 도무지 알 수 없다. 산에서 내려오면 그 극대화된 에너지가 한동안 신체에 맴돈다고 한다. 극한 경험이 남긴 깊은 감동과 황홀감이 온몸에 계속 머문다고 한다. 그 몸과 마음은 여전히 산과 하나가 된 듯한 상태로 오랫동안 진동할 것이다. 인생의 피상적인 면들은 잊혀지고, 세계는 증발하며, 더 심오한 정신에 빠져 한동안 그 상태가 지속된다고 한다.

정상에 선다는 것이 인생을 바꾸는 것은 아닐지라도, 그곳까지 이어진 영혼의 여정은 고스란히 온몸으로 각인될 것이다. 인간이 이를 수 없는 가장 극지점의 희열과 경험. 그 짧은 하루의 시간은 전 생애의 경험과 깨달음을 뛰어넘는 무언가로 다가올 것이다. 그렇게 드높은 설산을 오르며 그의 정신은 점차 인간을 벗어나 신을 향해 나아간 듯했다. 물질과 세계를 초월하며, 인간과 신의 경계 어딘가에서 그는 분명 무엇을 보았을 것이다. 그의 눈빛은 그 순간, 짐승의 눈을 벗어나 아무도 볼 수 없는 것만을 응시한다. 그것을 본 자는, 이전의 세계로 돌아갈 수 없다. 설명할 수도, 말할 수도 없기에, 그저 그 세계를 향해 반복해서 걸어야 할 뿐이다. 그렇게 그의 눈빛에는 또 하나의 경험이 높이 쌓여 있다. 철학자처럼. 그 너머의 존재처럼, 그는 인간이 지을 수 있는 가장 근엄하고 명료한 표정을 얻는다.

그리고 머지않아, 그는 다시 한번 더 높은 곳을 향해 도전했다. 그러나 그는 알래스카 페어웨어 산에서 정상에 오른 후 산사태를 만났다. 그날 이후, 아무도 그의 소식을 듣지 못했다고 한다. 그는 그렇게 빙산 속으로, 그 일부처럼 사라졌다고 한다. 그는 짧은 나이로 세상을 떠났다. 그는 인간에서 자연으로, 자연에서 신으로 완전히 넘어간 것이다.

그는 타인이 평생을 살아도 닿지 못할 순간을, 어쩌면 인생을 가장 밀도 있게 함축해 살아낸 사람 같다. 이 세상에는 길고 무료하게 지속되는 삶이 있는가 하면, 모든 것에 아랑곳하지 않고 오직 이끌리는 대로, 홀리듯 살아가는, 압축된 삶을 사는 자도 있다. 나는 어떤 삶을 택할 수 있을까. 정답은 없다. 그러나 무의한 일상을 견디듯 보내는 내게 그의 행적은 잊지 못할 간접 경험과 의미 있는 질문들, 그리고 영혼에 깊은 자극을 준다. 나는 겨우 손바닥만 한 백지 위에서 밤새 시름하지만, 내가 가만히 앉아 생각만으로 세상을 운용하는 동안,

그는 인간이 밟을 수 없는 최초의 길을 온몸을 동원해 걸었다. 오로지 침묵과 호흡만으로.

영상을 보는 내내, 형언할 수 없는 영혼의 아름다움 앞에서 마음이 무척이나 힘들고 아팠다. 그 슬픔은 울음이 아닌, 맺힌 채 내 안에 퍼지는 울림에 가까웠다. 비단 아픔만이 아니라, 그곳에는 형용할 수 없는 고귀함과 눈부심이 함께 존재했다. 그 순간, 아름다움과 위험함은 꼭, 같은 단어처럼 느껴진다. 신비로움은 경험하지 못한 것에 대한 경탄과 함께 다가온다. 그 어딘가에서, 나는 늘 그와 같은 삶을 동경하고 갈망한다. 무언가에 홀리듯 마음이 끌리고 그 여운은 오랫동안 함께 한다.

인간은 근원적 한계를 두려워한다. 우리가 닿을 수 없는 무한을 늘 불안해한다. 아인슈타인은 '신비로움이야말로 우리가 겪을 수 있는 가장 아름다운 경험'이라고 했다. 그가 절정의 순간 맛본 감각도 그러했을 것이다. 삶과 죽음의 경계에서, 가장 작은 것과 가장 큰 것이 병존하는 그 순간에, 빛에 삼켜지는 느낌 속에서, 그는 분명 영원을 마주했을 것이다. 순간, 신비함이 온몸을 지배했을 것이다. 나는 그 느낌을 막연히 안다. 너무나도 거대한 자연 앞에 보잘것없는 생명으로 마주한 황홀경과 공포, 혹은 깊은 사유에 빠져 정신의 한계에 다다르거나, 글을 쓰면서 호흡이 가빠지기도 할 때처럼.

인간이 더는 이해하지 못하는 세계, 즉 우리의 양쪽 끝에 자리하고 있는 무한, 즉 파스칼의 말처럼 '우리는 두 가지 무한을 두려워해야 한다. 하나는 우주의 무한함이고, 또 하나는 인간의 내면의 무한함이다.' 그건 미지의 세계를 향한 호기심과 동시에 우리가 도달할 수 없는 영역에 대한 두려움을 내포하고 있다. 인간은 두려움 속에서도 자신의 삶을 꿰뚫고 고통과 아름다움을 동시에 수용해야 하는 존재일 것이다.

나는 인간의 그 끝이 궁금하다. 인간이 모든 면으로 도달할 수 있는 그 한계가 늘 궁금하다. 나는 감각할 수 있는 최대치의 감각을 알고 싶고, 쓰고 싶다. 그러나 감히 상상하는 것조차 두렵다. 그러나 진짜 아름답다 불리울 수 있는 것은, 꼭 거기에 다 있을 것만 같다. 나는 오래전에 읽었던 라이너 릴케의 시 한 편을 떠올린다.

내가 외친다면,
천사의 위계로부터 누가 나를 들을 수 있을까?
설령 누군가 나를 갑자기 가슴에 안아들인다고 해도,
나는 그의 압도적 존재 앞에서 소멸할 것이다.
아름다움은 바로 시작에 있어,
우리가 견딜 수 없는 그런 공포다.
우리는 그것을 가까스로 견뎌낸다.
우리가 아름다움에 경탄하는 까닭은
그것이 차분하게 우리를 파괴하지 않기로
선택했기 때문이다.
모든 천사는 무섭다.

〈두이노의 비가〉_ 라이너 마리아 릴케

"아름다움은 바로 시작에 있어, 우리가 견딜 수 없는 그런 공포다."

이 표현은 인간이 초월적인 아름다움과 경외감을 느낄 때 직면하는 경험을 상징적으로 보여준다. 그리고 이 문장은 그가 남긴 흔적을 떠올리게 한다.

아름다움이란 어떤 초월적인 존재의 단서이며, 그것은 너무 커서 인간이 완전히 감당할 수 없다. 그것을 조금이라도 넘어서면, 우리는 존재 자체가 위협받는 듯한 감각을 느낀다. 그것이 우리를 파괴하지는 않지만, 우리는 초월적인 아름다움과 진실, 존재의 깊이 앞에서 늘 두려워한다. 천사는 인간이 감당할 수 없는 존재다. 그 앞에서 인간은 무너지고, 압도당하며 한계를 실감한다. 그러나 어떤 영혼은 그 앞에서 경이로움을 느끼고, 두려워하면서도 그곳을 향한다.

인간과 신의 경계 그 사이, 한 번이라도 그곳에 닿아본 사람만이 알 수 있는 것이 있다. 그 체험 속에서 진정한 삶이 무엇인지 말할 수 있다. 인간 존재의 본질은 이러한 양극단의 감정들 속에 있다. 우리는 무수히 대립하는 감정을 품고, 그 속에서 진짜의 삶을 살아간다. 이 감정들은 서로를 밀어내지 않고, 오히려 얽히며 우리를 빚어낸다.

그리고 그 중심에 영혼이 있다. 그것은 우리가 마주하는 모든 경험의 축이며, 우리를 시간과 공간 너머로 이끄는 고요한 빛이다. 그것은 단순히 살아가는 것을 넘어, 삶과 죽음을 아우르는 깊은 통찰이다.

그는 생전 그것을 온몸으로 증명했다. 어떤 영혼은 우리에게 나직이 말한다. 내가 살아야 할 것이 무엇인지, 이 삶 속에서 잊지 않아야 할 것이 무엇인지.

❦

서서히 삶과 죽음의 간격을 좁혀오는 그 아슬아슬하고도 까마득한 정신세계 속에, 죽음과 삶의 종잇장처럼 가장 가까워지는 시간에, 인간이 이를 수 있는 최대치의 희열과 공포, 극지의 경험과 감정. 그 경계의 끝점에 한 번이라도 맞닿아 있던 순간, 인간의 눈을 벗어나 아무도 볼 수 없는 것을 온몸으로 말하던 사람. 급기야 인간과 물질을 초월하고, 자신을 완전히 벗어나 버린 사람, 자유로운 영혼이 되어버린 사람.

그가 남긴 흔적은 여전히 빛난다. 마치 릴케의 천사처럼, 우리 곁에 있지만, 결코 닿을 수 없는 존재로. 나는 그가 걸었던 길을 감히 따라갈 수 없지만, 그의 존재의 길을 함께 꿈꾼다.

한철 매미 소리가 시끄러운 여름이었다. 나는 다큐를 보고 나와서 공원의 흔들의자에 앉아 가만히 사색에 잠긴다. 매미가 운다. 너무나도 시끄럽게 운다. 나무마다 매달린 매미들이 흡사 등반하는 알피니스트 같다.

본능적으로 우리는 위험에 대항하는 존재들임에도 불구하고, 우리가 궁금해하지 않는 곳에서, 저들은 위협을 무릅쓰고 운다. 여기 있다고. 내가 여기 있음을 들키는 방식으로 존재를 다한다. 진화에 불리함을 무기로 삼아 생을 소모하겠다는 의지를 본다. 그럴 때 아름다움과 위험은 정말 한 단어 같다.

길고 따분한 삶에 매달려 몸을 사리고 있던 나는 이 여름에 무엇으로 울 수 있을까.

한낮 매미가 목청껏 우는 오후였다. 울다가 지치다가 하나의 몸짓으로 떨어져내려도 의지할 것은 제 몸뿐이라, 매미는 울음을 붙잡고 떨어진다. 맴맴 원 없이 운다. 어떤 방식으로 이 울음을 이어갈지 고민해보는 요즘이다.

그렇게 아무도 모르는 그날의 매미는 한철밖에 버티지 못한다는 걸 알면서도 최선을 다해 울었을 것이다.

매미에게는 변해버린 계절을 탓하기보다는 울어보는 것이 중요한 까닭에, 우는 일. 죽는 순간까지 우는 일. 아마 나도 그런 일을 하고 있는지도 모른다.

무모한 줄 알면서도 하는 일. 손가락질받을 줄 알면서도 개척하는 일. 인간 곁에서 일말의 온기를 끝끝내 놓지 않고 살아가는 일. 남들보다 더 커다란 마음의 집을 가지고 살아내는 일. 이 모두 나의 일. 그리고 그 모든 걸 기록하는 일.

혁명: 불가능을 포기하지 않는 것. 그런 것을 아마 나는 이번 생에서 하겠지. 목숨껏 울어야겠지. 나 자신에게만큼은 그리 당당할 것이다.

〈리타의 정원〉 중에서

놀랍다, 안개 속을 걷는다는 것은!
모든 덤불과 돌이 혼자이고,
어떤 나무도 다른 나무를 보지 않으며
모두가 홀로 서 있다.

세상은 친구들로 넘쳐났고
한때 내 삶은 빛으로 가득했었다.
그러나 이제 안개가 내려앉으니,
그 누구도 더 이상 볼 수 없다.

진실로, 어둠을 알지 못하는 자는
지혜롭지 않다.
그 어둠은 피할 수 없이, 조용히
그를 세상 모든 것으로부터 분리시킨다.

놀랍다, 안개 속을 걷는다는 것은!
삶은 본래 고독한 것이다.
그 누구도 타인을 완전히 알지 못하고,
모두가 홀로 존재한다.

〈안개 속에서〉_헤르만 헤세

의식의 순례

인간의 의식은 마치 험준한 산을 오르는 여정과 같다. 우리가 살아가는 이곳은 대부분 생존의 감각에 의지해 살아가는 이들로 가득하다. 대다수는 산 아래 모여 군락을 이루며 서로의 온기와 안전함 속에서 머무른다.

그러나 더 높은 의식을 향하는 사람들은 안주하지 않는다. 모두가 변화를 거부하고 저편을 두려워하며 익숙한 상태에 머물기를 원할 때, 그들은 낯설고도, 혹독한 상황 속으로 뛰어들며 너머로 묵묵히 나아간다. 모든 이가 모여 한 계절만 이야기할 때, 그들은 사계절을 관통하며 삶의 본질을 바라본다.

육신의 한계를 넘은 -원초적 인간 생존 본능에 기인한 진화 메커니즘을 역행하는 모든 시도- 이 영혼의 여정은 어쩌면 세상 사람들의 눈에는 무의미한 행위로 보일 수도 있다. 통념에서 벗어나려 할 때마다, 수많은 손길이 그들의 발목을 붙잡고 만류한다.

걸으면 걸을수록 험난한 삶의 난도에 믿음이 흔들리고, 자주 좌절감을 맛본다. 몇몇은 서로의 발자취를 바라보며 위로와 격려를 나누기도 하지만, 깊은 어둠을 헤치며 상승을 향해 한 걸음씩 나아갈 때마다, 함께 걷던 이들이 밤안개처럼 하나둘 사라지고, 이제 자신을 나침반 삼아, 온전히 홀로 올라가야 함을 직감한다.

그 길은 세상의 성공이나 명예와는 다른, 자아실현을 위한 순례이다. 그들은 외부의 인정이나 시선, 관계에 의존하지 않고 오직 스스로의 믿음만을 따른다. 사회의 소음 속에 묻혀버린 자신의 목소리를 찾기 위해, 오롯이 내면에 귀 기울인다. 그들은 본능과 기제에서 벗어나 의식과 영혼의 고귀한 영역으로 발걸음을 옮긴다. 그들은 자신 안에 아직 터치하지 못한 깊은 세계가 숨겨져 있음을 알고, 감춰져 있는 그 무언가를 온 힘으로 찾아 나선다.

삶은 어느새 지상의 삶과는 다른 모습으로 전개된다. 일진일퇴를 반복하며 의식의 중턱에 올라 걸어온 길을 돌아본다. 올라가기에는 까마득하고, 내려가기에는 이미 멀리 와버린, 삶의 결정적 갈림길에 서서 다시금 그들은 오롯이 자신만을 믿기로 결심한다. 분명, 길 위에서 희미하게나마 무언가를 목격했기 때문이다. 마치 산 정상에서 맞이하는 찬란한 새벽빛처럼, 정상에 가까워질수록, 고립과 불행보다는, 고요와 평화,

순수한 빛만이 내면에 떠오르는 것이다.

혼자 남은 그들의 삶은 고독이 그림자처럼 뒤따른다. 이 길 위에서의 고독은 결코 부정적인 것이 아니라, 오히려 자신의 진실과 마주할 수 있게 해주는 등이 되어준다. 산을 오르는 과정에서 그들은 영혼의 무한한 가능성과 마주하며 한층 더 성숙해진 인간으로 거듭난다.

산의 경사진 길목마다 신의 은총과도 같은 무수한 비유와 상징들, 바위틈 사이로 스며드는 빛줄기는 우연이 아니라, 절망 속에서도 희망을 잃지 않고 걸어가는 이들에게 주어지는 선물 같다. 미끄러운 경사면에 발을 헛디딜 때마다 솟구치는 두려움은, 피할 수 없는 인간의 본성을 다시금 일깨워 준다. 넘어지고 일어서기를 반복하며 그들은 삶의 다양한 자세를 터득하고 조금씩 의식의 고지에 가까워진다.

이제 다시 되 돌아가기에 저편은 멀다. 그들은 점차 작은 모래바람처럼 보이는 저 아래 복잡계의 세상을 관조할 수 있게 되었기에. 아무도 바라본 적 없고, 알지 못하기에 말할 수도 없는, 황홀한 광경이 눈 앞에 펼쳐졌기에. 이제 저편과는 전혀 다른 세상으로 넘어갔기에. 휘몰아치던 온갖 고통은 작고 희미하며, 마침내 의미를 잃고 멀어진다. 의식의 산행은 분명 단순한 자연의 도전을 넘어, 영혼의 근원을 향한 신성한 탐구의 여정이다. 그 끝에 무한한 평화가 있다.

세상은 언제나 우리를 온갖 물질적 감각으로 현혹하고, 아무 것도 시도하지 말고, 안주하라고 속삭인다. 그리하여 대부분은 거기에 예속되어 인간 세계의 허상 속을 헤맨다. 어느덧 어디서부터 잘못되었는지 알지 못한 채 환경을 탓하고 원망하며 불행을 반복하는 삶을 평생 살아간다. 그러나 사실은, 그 누구도 그 삶을 인도하지도, 의도하지도 않았다. 모든 것은 나 스스로가 만든 삶이다. 우리는 저마다의 삶을 걸어 올라간다. 그 길 위에서 스스로를 발견하고, 타인의 목소리가 아닌 오롯이 자신의 진실과 마주하며 삶의 진정한 의미에 가까워질 수 있다. 우리의 개별적 삶은 그 무엇과도 대체할 수 없는 고유한 우주이다. 이 삶은 분명 자신만의 것이다. 이는 오직 자신만이 써 내려갈 수 있는 경전이며, 신실한 기도이며, 스스로를 밝히는 종교이다.

투명하고 간헐적인 장마, 습기가 빈 공간 사이를 빽빽하게 채운다. 큰 나무 아래에서 잠시 몸을 숨긴 채, 한바탕 소나기가 지나가기를 기다린다. 며칠간 내리던 비로 건장한 나무의 이끼 옷은 한층 더 푸르렀고, 안개 버섯 냄새가 은은히 퍼졌다. 하루 한 자씩 자라는 수풀은 살이 올랐고, 잎들은 진록 빛으로 한층 더 짙어졌다. 생동하는 자연은 장맛비를 만나 더 광폭해지며, 마치 인격을 가진 영혼처럼 존재를 피력한다. 무성한 맥문동잎은 손질하지 않는 머리칼처럼 흐트러져 있었고, 그것을 관찰하는 사이 새소리는 완전히 잦아들었다. 나는 작은 것들의 안위를 염려한다. 그렇게 나는 그들처럼 젖고 말리며, 걷고 또 숨기를 반복하며 산책을 이어 나갔다.

비 내리는 숲

여름 특유의 장마전선이 소낙비를 한바탕 불러들이고는 잠잠해졌다. 하늘은 여전히 먹구름이 잔뜩 드리워져 있었다. 그럼에도 우리의 산책은 계속된다. 비 오는 날의 숲을 좋아한다. 비 내린 후의 숲은 인적이 끊겨 고요하면서도 생동감이 넘친다.

장미 덩굴을 지나 숲의 초입에 들어서자, 막 비가 그친 뒤에만 맡을 수 있는 초록 냄새가 높은 밀도로 나를 감싼다. 그 사이를 천천히 걷던 중, 저편에 서 있는 누군가를 발견한다. 황매화 덩굴 아래 한 사람이 고개를 숙이고 있었다. 이런 날 숲이라니, 이상한 동질감에 그를 유심히 바라봤다. 그는 신발을 가지런히 벗더니 숲 가장자리의 바위틈에 숨기고 가볍게 숲속으로 들어갔다. 맨발로 향하는 그의 뒷모습은 내게 국소적인 비처럼 스쳤고, 나는 알 수 없는 충동에 이끌려 그가 벗어놓은 풀숲에 신발을 숨긴 뒤, 그를 따라 맨발로 걷기 시작했다. 그러나 그는 빠른 걸음으로 앞서 걷다가 희미한 물안개 사이로 사라졌다. 우리는 막다른 갈림길에 섰고, 밤이는 다 젖은 흙길로 나를 안내했다.

빗물을 머금은 대지는 짙은 암적색을 띠었고, 나무는 어두운 빛으로 물들었다. 촉촉한 흙은 질퍽거리며 발바닥에 더욱 밀착되었다. 진흙의 결, 까슬한 자갈, 듬성듬성 박힌 돌멩이, 전나무 솔잎의 간지러움이 그대로 전해졌다. 나는 이 미묘한 감각에 촉각을 세웠다. 그 익숙한 기운은 오른발부터 왼발로, 종아리와 무릎을 거쳐 척추까지 서서히 올라왔다. 한 발짝씩 걸을수록 발끝에서부터 뇌까지 이어지는 청량함에 나는 비로소 깨어나는 듯했다. 잡초로 무성한 숲을 헤치자, 종아리까지 풀잎이 스치며 간지러웠다.

공기의 입자가 촘촘한 습기로 묵직하다. 숲을 깊숙이 들어갈수록 한증막 같은 공기가 나를 적셨다. 젖은 옷이 살갗에 달라붙어 어깨와 등이 도드라지고, 나는 자연의 뜨거운 숨을 온몸으로 호흡한다. 저편의 나무들은 가까워지며 입체적으로 변모하고, 마치 함께 걸어 다니는 듯 비현실적인 생동감을 안긴다. 숲은 모든 각도에서 자신을 드러내며 살아 있음을 과시한다. 물 머금은 꽃과 나무, 풀들은 저마다의 영역을 확장하며 기세등등하다.

나는 좁은 오솔길을 걸으며 산림욕의 기쁨을 온몸으로 만끽했다. 신을 벗고 맨발로 걸어야만 알 수 있는 선명한 감각은 나만의 비밀이다. 앞서 걷고 뛰다가 다 젖은 밤이가 자신도 공감한다는 듯 나를 올려다보며 꼬리를 흔든다. 나는 밤이가 산책을 좋아하는 이유를 잘 안다. 진짜의 자연 속을 날 것으로 거니는 자유, 그건 우리만 공유할 수 있는 기쁨이다.

그렇게 비 내린 숲에서의 산책은 계속 되었다. 이상하게도 아까 안개 속으로 사라진 그와 함께 걷고 있다는 느낌은 여전히 이어지고 있었다. 얼굴도, 이름도 모르는 이였지만, 동질의 감각 속에서, 같은 리듬으로, 뜨거운 맥박의 진동 속에서 우리는 살아 있는 숲을 함께 걸었다.

풀벌레의 울음소리가 소낙비의 소강을 알리고, 무규칙적으로 날아다니는 새들이 숲을 점검한다. 나뭇잎 아래 숨어 있었던 매미가 다시 울기 시작한다.

마지막 작별을 고하는 노을을 아직 보낼 수 없어서, 산의 중턱에서부터 호수까지 한참을 내달렸다. 빛의 윤곽이 붉은 띠를 보이며 저편으로 멀어져갔다. 물가에 막 도착해 그것을 애도하며 올려다볼 때쯤, 노을은 비로소 안도하듯 스르르 눈을 감았다.

노을, 호수, 산책

작별을 고하는 노을을 아직 보낼 수 없어서, 나는 산의 중턱에서부터 저편까지 한참을 내달렸다. 하늘은 이미 다홍빛으로 물들어 있었다. 마지막 노을 빛줄기가 숲에 길을 내며 나를 이끌었다. 그 끝자락을 꼭 붙든 채, 호수로 향했다.
나무들 사이로 빛은 점점 더 가팔라지며 모두 한곳으로 흐르고 있었고, 나는 그것을 놓칠세라 숨을 고를 틈 없이 달렸다.

드디어 숲을 벗어나 도심에 닿았을 때, 풍경은 숲과는 다르게 이색적으로 변했다. 거리를 메운 사람들의 웅성거림은 옅은 습기처럼 밀집되어 귓가에 윙윙거렸다. 바삐 당도한 빛들이 광장에 즐비했다. 고층 건물의 창문과 거리 상점의 유리창에도 붉은빛이 쏟아지며 사람들을 현혹했다.

저편의 석양빛은 자신이 조금씩 붉어지고 있다는 것을 눈치채지 못한 사람의 머리칼까지 붉게 물들였다.
사람들의 머리 위로 흘러내린 빛들은 다시금 거리로 섞여

들어갔고, 섞인 채 어디론가 다시금 이동하고 있었다. 우리는 도심의 광장을 서둘러 빠져나와 마지막 빛과 함께 호숫가에 닿았다.

이제 세상의 모든 빛은 호수의 한가운데 와 마지막 쉼을 다하는 듯했다. 일부는 길게 누워있었고, 일부는 물속으로 뛰어들었다. 호수는 어느새 하늘과 똑같은 빛깔로 물들어 있었고, 물은 뜨거운 빛을 모두 품으며 열을 식히고 있었다. 나는 잠시 서서 숨을 고르며 이 장면을 천천히 눈에 담는다. 시간은 모두 이곳에 모여 함께 머무는 듯하다. 그 순간 나는 어떤 평화의 흐름 속으로 함께 이동하는 것 같았다.

물 냄새가 코끝에 닿았다. 물결은 모든 것을 온전히 받아들여 빛의 일부처럼 반짝였다. 출렁이는 물의 면에 빛은 해체되었다가, 이내 다시 하나로 모여들었다. 그것을 바라보던 마음도 용해되었다가, 다시 결집한다. 수변을 따라 버드나무가 물결을 흉내 내며 한들거렸고, 수면에 어린 금빛 무늬 위로 이르게 떨어진 버드나무의 잎들이 오리처럼 떠다녔다. 물은 서서히 시간을 밀어내며 흔들렸다. 잠시 뒤, 바람이 갈대를 스치자, 주변이 돌연 환하게 번쩍였다.

몇몇 사람들은 어느새 고개를 들고 붉은 가슴을 열었다. 타오르는 하늘 아래, 나무는 양팔을 벌리고 서 있었고, 나뭇잎은 순간 형광 빛을 띠었다. 눈가에 닿은 빛의 날에 눈을 비볐다. 모두가 일제히 타오르는 풍경. 모든 것은 이 시간이 가장 뜨겁다. 모든 것이 모든 힘으로 자신을 태우며 역동한다. 새들도 해가 질 녘 시끄럽게 울며 발광한다.

어스름과 서서히 섞이는 이 시간이 실은 가장 황홀하다. 슬픔과 환희가 뒤섞일 때 가장 깊어지는 것처럼, 이 순간의 아름다움을 완성하기 위해 모든 것이 동원된다. 그 순간, 나는 '찬란하다'는 말이 떠올랐다. 사라지는 것은 모두 아름답다.
나는 이 장면을 눈이 멀도록 감상한다.
곧이어 핏빛 노을은 물 위에 남김없이 쏟아졌고, 마지막 빛 한 줄기가 물속으로 뛰어들 듯 작렬했다. 태양은 긴 꼬리와 함께 그렇게 퇴장했다.

구름이 이동하며 지상에 그림자를 드리우자, 주변은 서둘러 짙어졌다. 풀벌레는 이곳 가까운 어딘가에 숨어 울음을 이어갔다. 이제 더 이상 아무도 고개를 들어 바라보지 않을 어둠이 내릴 것이다. 마치 약속처럼 모두는 제자리로 서둘러 복귀한다. 자신의 둥지로 돌아가야 한다는 건 아무도 가르쳐주지 않지만, 우리는 저도 모르게 그 무엇에 순응하고 있었다. 모두는 발길을 돌렸다. 멀어지는 사람들은 빛의 그림자처럼 일렁였다. 쇠오리 떼는 하늘에 긴 선을 그리며 합창하고,

한 마리의 이탈도 없이 저편으로 날아갔다. 떠나가고 남은 빛의 여운은 마치 작별의 인사를 길게 건네는 듯 나를 감싸며 서서히 너머로 갔다.

세상의 견고한 윤곽이 서서히 어둠 속에 잠기고, 소음이 잦아드는 동안에도 나는 여전히 하루의 외곽을 배회한다.
그렇게 모든 걸 보내주고 나서야 너무 많은 시간이 지났음을 상기한다. 노곤해진 몸은 자꾸만 귀가를 재촉하지만 아쉬움이 남은 발걸음은 쉽사리 회향하지 못한 채 머뭇거린다. 몇 가지 존재의 의문 앞에서 서성이다가 발길을 돌리려 할 때, 그 순간 불현듯 깨닫는다. 내가 가야 할 곳이 없다는 사실을 말이다. 모든 순간을 애도하고 나서 다시금 귀가해야 함을 결정할 때, 나는 비로소 알게 된다. 삶에는 결코 돌아갈 집이 없음을. 그것은 시간의 속성이다. 돌아갈 수 있는 공간이 있을지라도, 돌아갈 수 있는 시간은 존재하지 않는다. 저물어 가는 하루의 끝자락에 앉아 떠나가는 것을 바라보고 있을 때, 모두가 어두움을 끌고 너머로 사라질 때, 그때 나는 알게 된 것이다. 하루가 떠나가는 것이 아니라 나의 떠나감을.

나는 나를 완전히 통과한 뒤 모든 것과 함께 무한히 저편으로 향한다. 슬픔도 기약도 없이, 어쩌면, 그것까지 산책인 것이다.

세상과 세상의 모든 문을 노크하고
삶과 삶이 머무는 모든 통로를 지나갈 것.
조금은 더 격정적으로, 격정적으로
더 많이 웃고 울며 감동하고 살아갈 것.

〈사라지는, 살아지는〉 중에서

잠 오지 않는 새벽엔 산책을 한다.
밤새 여러 번 나갔다가 들어온다.
산책은 살아 있는 책이라 산책인가,
밤 공기 속에 누가 이토록 숨 쉬는 문장을 숨겼나.

〈모든 계절이 유서였다〉 중에서

달, 밤, 산책

한낮의 열기와 위엄은 세상을 통솔하는 단일한 힘으로, 보다 적극적으로 현시한다. 그러나 밤의 어둠은 모든 것을 적요와 고요의 이름으로 보드랍게 덮어 식힌다. 태양 빛과 달리, 밤의 어둠은 세상의 깊은 구석구석까지 스며든다. 한낮은 도전과 모험, 이성과 열정, 희망과 용기의 상징으로 다가오고, 밤은 그 뒤를 밟으며 수동적으로 온다. 밤은 차분함과 감성, 침묵의 속삭임으로 다가오고, 위로와 비밀의 은신처로써 곁에 머문다. 차분한 색채로 모든 걸 물들이고야 마는 밤의 시간이 되어서야 나는 의식이 더 명료해진다.

낮 동안 온기를 머금고 빛나던 것들은 서서히 그 열을 잃고, 차가운 고요 속으로 녹아든다. 나는 다시금 숲길을 가로질러 마치 어둠 속으로 나를 내맡기듯 걸어 들어갔다. 활기로 타올랐던 숲은 밤이 되어서야 비로소 쓸쓸한 본연의 윤곽을 드러낸다. 자작나무들은 흰 뼈를 선명히 꺼내 보여준다. 어둠 속에서는 어떤 허식도 남지 않는다. 숲은 어느덧 화려함에서 초라함으로 바뀌어 있었고, 모든 것은 마침내 본 모습 그대로 현현했다. 한낮의 숲에서는 나무 냄새가 났지만, 한밤의 숲에는 흙 내음과 뒤섞인 돌 냄새로 가득했다. 인적이 끊기자, 이윽고 숲의 경계가 허물어지고, 사방은 풀벌레 울음소리 외에는 들리지 않는다. 나는 시력보다는 청력에 의존하며, 한층 기민한 감각을 동원해 걸음을 옮겼다. 소리를 방해하지 않으며 소리를 쫓아 사냥했던 오랜 인류처럼. 풀벌레의 노래는 각기 다른 리듬과 음역으로 얽히며 숲을 채웠다. 어둠 속에서도 선명한 존재의 기척에 몰입하며 걷다 보면, 습습한 밤공기와 원시적 음향, 발의 촉감만이 이곳에 가득 감싼다. 밤의 정적은 나의 감각을 더 투명하게 하고, 이 모든 것은 나를 밤의 일부로 물들이고 있었다.

얼마나 걸었을까. 조금만 더 내디디면 마을이 보이는 내리막길이었다. 어둠이 완전히 우리를 장악하던 찰나, 발끝과 옷자락이 점차 환해졌다. 검은 숲 위에서 무언가 이편을 내려다보고 있었다. 달의 얼굴이 검은 망토를 서서히 벗으며 깨어나고 있었다. 그렇게 달빛은 우리를 따라 가까스로 도착했고, 나는 달빛을 벗 삼아 내려올 수 있었다.

떠오른 달빛은 잠들지 못한 세상의 고독한 여행자들의 언어 같다. 태양처럼 세상을 데울 수는 없지만, 그것은 선명히 바라보는 한 사람의 마음에 온기를 내어줄 만큼은 뜨겁다. 마을을 잇는 육교에 다다라서야 나는 그 앞에 서서 한참을 올려다본다. 마치 이 환함을 마주하기 위해. 나는 세상의 끝, 사각지대에 도착한 것 같다. 달은 나의 귀가를 무사히 안내하고서, 인사하듯 먼 하늘 위로 다시금 올랐다.

인적 끊긴 마을의 공원에 바람 소리가 또렷이 들린다. 나는 이제서야 비로소 세상에 혼자 덩그러니 놓여 있는 기분이 든다. 나는 이 홀로 된 해방감을 좋아한다. 달은 오늘도 마을 위에 완전히 솟구쳤고, 누군가를 깨워 자신 앞에 불러 세우기에는 충분했다. 밤새 달빛을 들이받으며 더 단단해지는 나무와 꽃들처럼, 홀로 서 있는 한 사람의 마음 같은 것이 어둠 속에서도 굳건했다.

달밤을 마주하는 시간이 좋다. 설명할 수 없는 유일함은 나를 위안한다. 오랜 어둠을 걸어와 비로소 환한 기분이 든다. 이렇게 하나의 장면을 완성하기 위해, 내가 필요하다. 이 순간, 아름다운 장면을 마주하기 위해서는 걸어왔던 모든 시간이 필요하다. 정확히 이곳에 서기 위해서, 모든 감정을 통과해야 했다. 가슴에 손을 올려놓고 안도하기 위해서도, 더 많은 눈물이 필요했다. 그렇게 나는 검은 하늘 속에 명명하게 떠 있는 달빛을 오래 바라본다.

※

저편에, 가만히 서서 고개 들어 보는 이가 있었다. 어둠에 잘 보이지는 않았지만, 분명 달빛을 감상하는 사람이었다. 끝내 달빛을 마주한 자를 나는 좋아한다. 그렇게 거닐다 하늘을 올려다보고 있는 이를 발견할 때, 당신도 끝내 이르렀구나, 하는 마음. 그 곁에는 서로의 이름과 나이, 직업 따위는 소용없는 연정이 있다. 모든 것을 뛰어넘는 인간애와 갸륵함이 있다. 그렇게 이 시간 하늘을 바라보기까지. 실은 한 사람은 오랜 외로움과 암흑의 길을 걸어와 생존했기에, 저기 한 사람은 비로소 한 사람으로 서 있는 법을 터득하고 말았기에. 그렇게 모르는 이와의 알 수 없는 동질감 속에서 한동안 서성였다.

아쉬움이 많은 발길은 매일 순간을 연장하려 애쓰고, 나는 인간이 사라진 자리, 여전히 남아 있는, 찍히지도 않는 발자국을 들여다보며 서성인다. 서서히 눈을 감듯 밤이 내리면 세상의 반경이 좁아지고, 멀리 나갔던 나는 조금 더 환해진 얼굴로 귀가한다.

집에 돌아와 몇 개의 장면을 기록해 둔다. 눈을 감으면 여전히 고요히 부서지는 노을과, 영원히 흐르는 물결과, 동행하며 천천히 발맞추던 달빛이 보인다.

우리는 모두가 불변의 마음과 영혼과 생명의 소유자니까.
삶을 자율적으로 이끄는 가장 근본적인 에너지니까.
두 눈을 감지 않고서는 바라볼 수 없는 내면의 섬광이니까.

생명을 발견하는 것.

적어도 나 자신은 삶 없는 삶을 살지 말 것.
살아도 살아 있을 것. 죽을 때까지 죽어 살지 말 것.

〈리타의 정원〉 중에서

나를 일깨우는 것

밤새 비밀스러운 비가 내렸고, 숲은 차분한 색채의 풍경을 드러내며 이곳 회색 안갯속으로 나를 안내했다.

아침 안개가 내려앉는 자연의 독무대는 한 사람의 마음을 사로잡기에 충분하다. 자주 가는 잔디 광장에는 오래된 적송들이 무리를 이뤘고, 그들은 마치 한국화 그림 속에서 보는 듯한 보기 드문 기강으로 서 있었다. 키 큰 적송의 자태는 분명 영혼이 담겨 있듯, 온갖 자세로 한 사람을 유인하고, 자신 앞에 머물게 한다.

윤기 흐르는 붉은 피육, 건장한 수형, 다 다른 굴곡을 만드는 나무의, 조용히 솟구치는 생명력, 저 힘이 무엇인지, 수십 년 동안 만들어 온 저마다의 자세로 이루어진 것이. 하나의 숲을 이루기 위해 얼마나 긴 생장의 시간이 필요한지, 하나의 잎을 순산하기 위해 얼마나 오래 버텨야 했는지, 생각할수록 경탄스러운 것인데, 주머니에 손을 넣은 채 나무의 둘레를 수차례

돌다가, 나도 모르게 적송들처럼 몸을 기울여 보게 되는 것이다. 마치 그들에 동참하듯 말이다. 그러나 인간의 감각으로는 그들이 살아온 세계를 도무지 알 수 없다.

그 주위를 열 걸음 맴도는 동안, 무수한 질문이 나를 스친다. 바람과 태양을 따라 기우는 나무처럼 나는 지금, 이 순간 어떤 무늬를 새기고 있는지. 살아오며 어떤 굴곡을 만들어왔는지. 그리고 어떤 자세를 가졌는지. 적송의 굴곡과 자태를 통해 생명의 역동성, 즉 스스로 살게 하는 힘을 본다.

나를 움직이는 요소들을 가만히 들여다보며 이어서 질문을 던진다. 나는 어떤 기원을 가졌는지, 그것에 어떤 이름을 붙일 수 있는지, 더 나아가 이 질문을 던지는 주체는 누구인지, 무엇이 이렇게 나를 활성화하는지, 그것이 어떻게 내 안에 머무는지. 나는 지금 무엇으로 바라보고, 무엇으로 질문하는지?

비물질성의 무엇이 어떻게 육신을 이끌며 살아가게 하는지는 알 수 없다. 다만 나는 육신 안에 강렬한 그 무엇의 존재를 확신할 뿐이다. 나를 움직이게 하는 무엇, 그 무엇이야말로 오래 나를 지속하게 하는 힘과 같다. 그것을 영혼이라 불러도 무방할 것이다.

지금, 이 순간 나무의 뿌리는 땅속 깊이 내려가고, 줄기와 가지는 저마다 다른 곡선을 그리며 하늘을 향해 자유롭게 뻗는다. 그 모든 것이 한 나무를 이루고, 다시금 살아있는 숲을 이룬다. 그렇게 나무 주변을 거닐며, 나는 지금, 저들처럼 보이지 않는 요동 속에서, 비슷한 무언가로, 존재하고 있다.

움직이지 않는 춤은 무용하다.
울림 없는 소리도,
뿌리내리지 않는 나무와,
사유 없는 철학도.
내리지 않는 눈도.
찍히지 않은 것을 발자국이라 부를 수 없고,
흐르지 않는 강은 강이라 부를 수 없다.
내면을 잃은 존재는 존재가 되지 못한다.
사람도 그렇다.
영혼 없는 사람을 사람이라 할 수 없다.

존재는 영혼 속에서만 진정한 이름을 얻는다.
그러니까, 살지 않는 삶을
삶이라 부를 수 없을 것이다.

❧

마치 하늘을 갈망하며 그 속으로 날아오르려는 새의 본능처럼, 나는 무엇을 위해, 무엇을 향해 나아가는가. 내 영혼은 끊임없이 무엇인가를 희망하며, 한계를 넘고자 하는데, 나는 그것과 함께 멈춰 있기를 거부하며, 자유로운 속성으로 계속해서 어딘가를 향해 나아간다.

매일 숲을 걸으며, 살아내려는 것과 함께 이렇게 실체적 교화를 이루는 것 역시 영혼의 일부이다. 그런 방식으로 세상과 연결될 때 비로소 존재를 실감하곤 한다.

그렇게 존재는 단순히 그 자리에 있는 것이 아니라, 영혼의 깊이에서 피어나고, 영혼의 울림 속에서만 비로소 완전해진다. 그 울림으로 세계를 흔드는 순간, 비로소 삶이 된다. 그리하여 나는 이 살아있음의 맥박 속에서 의미를 재발견하려는 시도를 계속한다. 의미란 단순히 이렇게 숨을 쉬는 것이 아니라, 이 숨결로 세상과 연결되는 것이다. 그것이 이 영혼이 해야 할 일이고, 나는 그 일을 믿고 모든 순간 따른다.

황홀한 경험을 맞이할 수 있도록,
영혼의 문은 언제나 살짝 열려 있어야 한다.

〈밤을 채우는 감각들〉_에밀리 디킨슨

카비르는 말한다. '내 모든 노력은 영혼 탐구를 위함이니. 나는 영혼 탐구의 노예이기를. 언제까지나 그것을 찾기까지는.'

영혼을 탐구하는 그 길은 끝이 없는 여정일 것이다. 그가 말하는 것은 단순한 목적지가 아니다. 삶의 본질, 존재의 뿌리까지 끊임없이 닿고자 하는 의지이다.

가을 볕 아래

상수리나무와 떡갈나무, 굴참나무의 잎이 툭툭 떨어진다. 떨어진 잎 한장 한장이 인도하는 발자국을 따라 나는 숲으로 걸어 들어간다. 메타세쿼이아와 잣나무 사이로 가느다란 태양의 빛줄기가 길을 비춘다. 바람은 등 뒤에서 나의 산책을 떠민다. 그러고는 숲을 정면으로 관통하며 스 - 스으- 숲의 잎사귀를 모두 흔들며 지나간다.

마치 숲의 작은 정령처럼 나무의 잎마다 매달려 노는 빛의 물질들, 그 곁에 빛 따라 노랗게 물들어 가는 키 큰 은행나무, 나는 그렇게 가을의 색채 속으로 천천히 스며든다. 발걸음을 옮길수록, 계절은 조금 더 선명한 얼굴을 드러낸다.

가을 볕 아래, 수풀은 푸르름 위로 깊은 음영을 더한다. 청록의 풍경은 적색이 조금 섞이며 비로소 조금 더 짙고 풍성해진다. 바람은 풍경에 질감과 색채를 더 강렬하게 붓 터치한다.

매미 소리는 덧칠한 채색 아래 박제되고, 그 자리를 다른 소리가 와서 메운다. 아직 여름의 풋내를 벗지 못한 나무들은 서둘러 계절을 따르느라 분주하다.

자작나무 가지에는 최후의 낙엽이 마지막 그림자를 만끽하고 있었다. 마지막 남은 풀벌레 소리, 여전히 낮은 음표 위에서 연주하는 새소리, 여전히 생동하는 것들은 우리의 눈을 자주 잡아끌며 자신과 공유하게 한다. 한낮, 태양 아래, 숨 쉬는 모두는 이 생을 야무지게도 붙들고 있다. 매달려 있는 것들은 죄다 눈부시다.

반짝이는 잎사귀와 바람에 실린 계수나무 향기 속에서, 나는 이 순간, 나를 새로이 써 내려간다.

내 앞에서 한둘 잎이 떨어진다. 나는 거의 모든 시간 그저 떨어지는 낙엽을 세며 야외에서 보낸다.

마지막 한 장의 잎이 질 때까지, 많은 것이 들릴 때까지, 많은 것이 보일 때까지, 삶이 내게 올 때까지. 아직 내게는 너무 많은 잎이 남아있다.

바라본다. 떨어지는 낙엽 사이사이,
무엇이 내리는지, 어떤 무게로 내려앉는지,
그 순간, 마음에 무엇이 오갔는지.

떨어질 잎과 떨어진 잎 사이,
그러니까 무엇이 나를 스쳐 가고,
무엇이 나를 통과하는지,
그리고 무엇이 나를 데리고 가는지.
나는 무엇으로 나부끼는지.

오늘도 내 안에 흐르는 것이 있었고,
흔드는 것이, 흔들리는 것이,
흩어지는 것이 있었다.

기이하리 만큼 아름답다

걸으며 주변을 돌아보다가, 이상한 감정이 들어서, 스치듯 한 문장을 생각했다. '세상은 기이하리만큼 아름답다.' 이 문장을 써 놓고 보니 어딘가 이상하다. 기이하리만큼 아름답다니, 곰곰이 생각해 보니 흥미로운 건 그 문장을 이어주는 조사이다.

'만큼'이라는 조사가 품고 있는 세계는 무궁무진하다. 그것은 비교의 도구이자, 존재의 밀도를 가늠하는 척도이며, 때로는 형용할 수 없는 감정을 담아내는 그릇이 된다. 무엇보다, '만큼'은 언어 속에서 끝없이 변주되며, 세상 모든 것을 비유할 가능성을 가진다. 그렇게 줄곧 써온 단어이면서도 문득 새로워서 그것을 곱씹는다. '만큼' 하나로 세상의 크기와 깊이를 가늠할 수 있다니, 우주만큼 모든 것을 포괄할 수 있다니.

'만큼'이 붙은 순간, 사물은 기존의 의미에서 벗어나 새로운 결을 가진다. '만큼'은 단순한 비교와 측정을 넘어서 우리가 세상을 어떻게 느끼고, 어떻게 기억하는지를 포함한다. 어떤 마음은 '바람만큼 가벼운' 것이 되기도 하고, 또 어떤 마음은 '우주만큼 깊은' 것이 된다. 그러나 같은 표현이라도 받아들이는 사람에 따라 의미는 완전히 달라진다는 점이 흥미롭다. '고요한 밤만큼 까마득한'이라는 말은 누군가에게는 사랑하는 이와의 아늑한 시간이기도 하고, 또 다른 이에게는 설명할 수 없는 외로움의 긴 시간일 수 있다. '만큼'이란 결국 개인의 경험과 감각 속에서 변형되며, 언어의 틀을 넘어 유동한다. 우리는 삶 속에서 저마다의 '만큼'을 찾아가며. 모든 것을 품고, 끝없이 새로운 비유를 찾게 된다.

나는 내가 발견한 이 알 수 없는 아름다움에 대해 오래 생각한다. 삶은 때로 낯설고, 이해할 수 없이 복잡하지만, 그 속에서 문득 마주하는 순간들은 눈부시도록 찬란하다. 이따금 죽고 싶은 만큼 살고 싶은, 그 고통의 순간에도, 생은 놀랄 만큼 신비하다. 계절처럼 마음은 변덕스럽고 때로 나약하지만, 우리는 그 순환 속에서 믿을 수 없을 만큼 강해진다. 이 양가감정 속에서 문득 마주하는 순간들이 너무도 아름다워서 이상할 만큼 감동적이기도 하다.

삶은 이렇게, 상반되는 마음이 교차하고, 그 속에서 우리는 감정을 밀어내고, 포용하며 균형을 이루어 나간다. 참으로 역설적이면서도, 어쩌면 그 모순만이 삶의 참 진리일지도 모른다. 그렇게 나는 내가 겪는 만큼 경험하고, 느낀 만큼 감동하고, 그것을 이해한 만큼 성장한다.

우리는 모든 순간을 살아내며, 쌓아온 경험을 하나하나 받아들이고, 그만큼의 지혜를 얻는다. 우리는 어려움을 견디며 더 깊어지고, 그만큼 더 넓어지는 법을 배운다. 결국 그 모든 것이 하나로 이어져 나를 이룬다.

꽃이 질 만큼 시간이 흘러도, 다시 필 만큼 새로운 시작은 찾아온다. 해가 저물고 어둠이 깊어지지만, 그 어둠이 깊을 만큼 새벽은 더 밝게 온다. 추위가 매서울 만큼 겨울은 혹독하지만, 계절의 끝자락에서 우리는 변화를 두려워하지 않을 만큼 담대해진다. 삶은 그 과정 속에서 더욱 깊어진다.

그리운 만큼, 시린 만큼, 아득해질 만큼, 간절한 만큼,
숨이 차오를 만큼,

삶은 기이하리만큼 아름답다.

이토록, 살아 있다

드넓게 펼쳐진 대지 위에 볕이 들고, 연둣빛 풀이 이끼처럼 자라나면, 우리는 봄이 깨어남을 감지한다. 그렇게 가장 낮은 자리의 땅에서부터 자연의 소생을 예감한다. 푸르름이 점차 고조되면서 여름은 혈기 왕성한 풀들로 가득하다. 풀들이 웃자라기 시작하면 비로소 어느덧 눈가가 푸르고 짙어진다. 점차 가을로 접어들며 고개를 올려 바라보는 것이 많아진다. 꽃이 지고 열매를 맺었던 높은 가지 위로 잎이 물들면, 그것을 바라보며 걷는 사람들의 눈빛도 붉게 타오른다. 계절을 한 바퀴 돌아 다시금 본래의 자리로 회귀하는 겨울이 오면, 초라한 나뭇가지 사이, 다 타고 남은 잿빛으로 물든 밤하늘. 그 곁에서 인간은 더더욱 혼자됨을 실감하고, 생의 고독을 감상하느라 눈의 자리가 환하다. 황량한 삶의 한가운데 입김을 불며 걷다 보면 알게 된다. 세상을 바라보는 시선이 어느덧 가장 멀리 뻗어나가 있음을. 가장 낮음으로부터 높이, 가까이에서부터 저 멀리, 그렇게 계절에 따라 우리의 사유가 점차 높아지는 것을 느낀다.

그렇게 한 해의 끝자락에 이르러서야 나는 근시안적인 사유로부터 우주까지, 비로소 한 세계를 완성한다는 사실을 깨닫는다. 눈앞의 현시에서부터 먼 진실을 직시하게 되는 것이 삶이라는 것을, 생에서부터 죽음에 이르기까지 눈을 한껏 열며 관망하게 된다는 것을, 매서운 겨울, 그 끝에 다다라서야 나는 눈빛이 조금 깊어졌다는 것을.

멀리 걷지 않아도 이곳, 소박한 일상은 내게 너무 많은 것을 펼쳐 보여주고, 나는 자연과 함께 무르익는다. 언제부터인가 멀리 방황하거나 떠나지 않아도 모든 계절, 안정과 평화를 느끼게 되었다. 매일 나는 깨어나고, 새로워진다. 떠돌기를 멈춘 삶은, 제 자리를 지키는 나무 곁에서 뿌리내리는 법을 배운다. 삶의 바닥에 깊이 내리는 것. 그것이 생존이자 존재감이라는 것을. 멀리 방황하지 않아도 자유를 획득하는 삶이 여기 있음을 비로소 알게 된다.

바람에도 휩쓸리지 않는, 이토록 단단한 풍경이라니. 이 풍경은 내가 지닌 뿌리 중에서 가장 깊고 강하다. 이마에 닿아 열 식히는, 눈빛에 닿아서야 산산이 부서지는 태양 빛. 그것은 마치 생물처럼 나무를 타며 여전히 윤곽을 드러내는 모든 생명에 살아있음을 명령하듯 지장을 찍는다.

빛은 어느덧 미끄러져 볼에도, 손목에도 묻고, 새들의 날갯죽지에도 묻었다 간다. 삶은 여기 살아 있음을 자꾸만 꺼내서 보여준다. 그때, 나는 이상한 기분에 휩싸여 기도하듯 두 손을 가만히 모으게 되는데, 그토록 먼 길을 돌아 찾으려 했던 건 고작 이런 것이 전부였다는 것을 알기 시작했을 때, 비로소 마음 깊은 곳에 돋아난 뿌리를 감각하게 된다. 그렇게 언제부터인가 나도 나무처럼 한자리에 오래 서 있게 되었다.

여기 있으라, 너는 여기 이렇게 살아 있으라. 살아있는 방식을 이제서야 배운다. 그렇게 나는 모든 순간에 깊이 관여하며 생명을 다한다. 나무 아래에 서서, 나무처럼 흔들리며, 그 기분을 만끽한다. 눈빛은 메마른 장면을 촉촉하게 한다. 풍경은 더 푸르고, 깊어지고 선명해진다. 삶은 그것만으로 충분하다는 사실. 이토록 단순하고도 충만한 깨달음 속에서, 서서히 맥박이 뛴다. 나는 지금, 이토록 살아 있다.

우리는 세월을 헤아려 여기저기에
단락을 만들고, 중지하고 또 시작하고
그리고 두 사이에서 어물거리고 있소.

우리는 결국 그저 존재하면 되는 겁니다.
다만, 단순하게 그리고 절실하게 말이요.

마치 대지가 사계절 회전함에 동의하면서
밝아졌다, 어두워졌다 하며 공간 속에 푹 파묻혀서
하늘의 별들이 편안하게 위치하는
그 숱한 인력의 그물 속에 쉬는 것밖에는
아무것도 바라지 않는 것과 같이.

〈존재의 이유〉_라이너 마리아 릴케

너무나도 광활하고, 까마득한, 죽음뿐인 우주에서, 생명으로 살아감은, 기적과도 같은데, 이 얼마나 커다란 축복이고, 아득한 고통인지. 그냥 존재하는 것. 생과 사, 기쁨과 슬픔, 모든 양극단을 무한히 오가며, 모든 것이 자연 발생적으로 흘러가도록 놓아두며, 때로는 자각하고 망각하며, 겪고, 쓰며.

단순하게 그리고 절실하게.

우리는 늘 인생의 한 시점, 특히 중요한 전환점을 앞두고, 두 갈래 길 앞에 서 있는 존재다. 그러나 그 모든 길은 하나로 이어져 있다. 희망과 절망, 실패와 성공, 생과 죽음이 반대말이 아닌 것처럼. 그 양쪽 세계는 서로 얽혀 있다. 그리고 우리는 그 두 세계를 오가며, 때로는 절망하고, 관망하며 살아간다.

우리의 삶이 무언가를 헤아리고 계획하며 단락을 짓는 과정의 연속임에도 결국 삶의 본질은 단순히 '존재함'에 있다고 말할 수 있겠다. 계절의 변화와 별들의 운행처럼, 지고, 나며. 솟구치고, 떨어지며. 넘어지고 다시금 일어나며. 그 사이사이, 그것을 인내하기보다는 한 계절이 끝나가도록 치우치지 않으며 그저 그 중심에서, 절실히 존재했다는 사실에 나는 때로 깊이 안도한다.

인간으로 태어나, 주어진 지성과 자유의지로 하나의 개별적 우주를 만들고 운용해 간다는 것은 참으로 신비하고 아름다운 일 같다.

창조적 기쁨을 누릴 수 있는 유일한 개체로서의 삶. 오늘의 태양을 맞이하며 황홀하다고 느낄 수 있는 심장을 지녔다는 것. 그것을 전달할 수 있는 언어가 있다는 사실은 살아감에 있어 부족함 없는 축복이라는 생각이 든다.

단지, 우리 그냥 함께 걷자고.
산책하자고, 말하는 그런 글을 썼다.

거기서 새벽안개 숲의 향기가 났으면 좋겠다.
지면을 물들이는 이 글이,
언 강을 깨고 흐르는 개울물 소리 같았으면 좋겠다.

리타의 산책

Rita's Garten

―――

지은이 © 안 리타
메일 an-rita@naver.com
펴낸곳 홀로씨의 테이블

1판 1쇄 발행 2025년 04월 09일
1판 2쇄 발행 2025년 04월 30일

ISBN 979-11-982651-8-0

이 책의 판권은 저자에게 있습니다.
책 내용의 전부 또는 일부를 이용하려면 동의를 받아야 합니다.